Couverture inférieure manquante

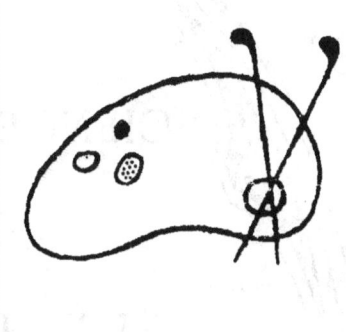

Début d'une série de documents en couleur

SAR MÉRODACK J. PELADAN

Ad Rosam
per Crucem, ad Crucem
per Rosam; in ea
in eis gemmatus
resurgam

Non nobis
non nobis Domine
sed nominis tui
gloriæ soli
Amen

AMPHITHÉATRE
DES
SCIENCES MORTES
IV

LE LIVRE
DU
SCEPTRE

POLITIQUE

1895

PARIS

CHAMUEL, Éditeur, 79, rue du Fb-Poissonnière.

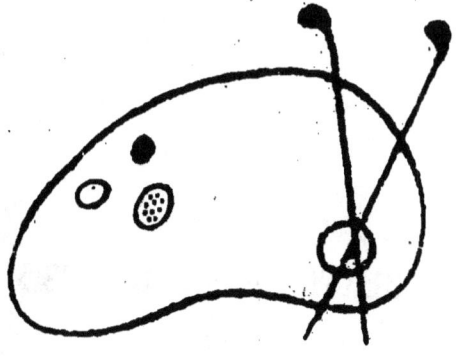

Fin d'une série de documents en couleur

AMPHITHÉATRE DES SCIENCES MORTES

IV

LE LIVRE DU SCEPTRE

POLITIQUE

ÉLENCTIQUE

Je crois et je proclame que l'Église Catholique, Apostolique, et Romaine est la Vérité. Je fais profession d'en être le fils, et je lui promets mon intelligence et mon sang.

Je reconnais l'infaillibilité du pape prononçant sur le dogme « Ex cathedra » et « Urbi et Orbi ».

Quoique ma conscience et ma science ne reprochent aucune hétérodoxie, je suis prêt à brûler mon œuvre, de mes propres mains, si Pierre l'infaillible la jugeait mauvaise ou intempestive.

S. M. J. P.

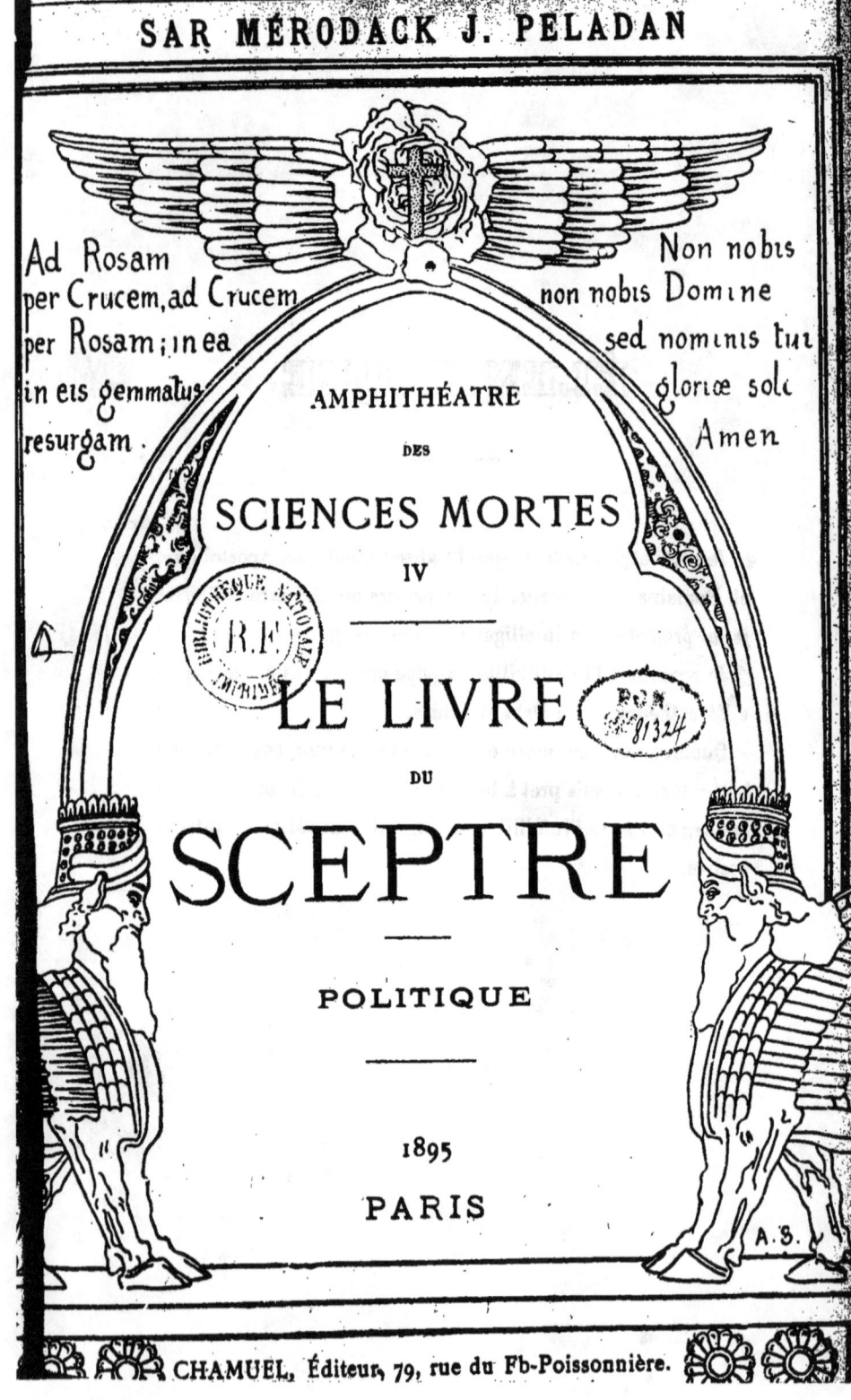

AUX TROIS EMPEREURS

ET

AUX VINGT-&-UN ROIS D'OCCIDENT

Il existe, secrète, merveilleuse, redoutable, une science du Sceptre, tel qu'il fut tenu par les cinq mille ans théocratiques de l'ère orientale.

Cette science Vous attribue des devoirs que Vous ne soupçonnez pas ; ils sont écrasants, mais elle Vous donne des droits que Vous n'avez même pas rêvés, ils sont splendides.

Seuls les hommes du Sceptre ont droit à cette connaissance suprême du Pouvoir et seulement la comprendraient qui sauront la désirer.

Mon devoir de Brahmane et de Mage est fait, je devais jeter cette offre au vent des causes secondes ; si elle ne rencontre pas d'écho, les sphinx continueront à sourire, le basilic à siffler et les licornes à combattre l'ombre du Soleil.

Kong om pax !

IL A ETE TIRÉ

DU LIVRE DU SCEPTRE
IV. POLITIQUE
Quatrième Traité Magique de
L'AMPHITHÉATRE DES SCIENCES MORTES

COMME DE

COMMENT ON DEVIENT MAGE
Premier Traité

ET DE

COMMENT ON DEVIENT FÉE
Second Traité

ET DE

COMMENT ON DEVIENT ARISTE
Troisième Traité

I. ÉTHIQUE. — II. ÉROTIQUE. — III. ESTHÉTIQUE

Premier, Deuxième et Troisième Traité de
L'AMPHITHÉATRE DES SCIENCES MORTES

5 exemplaires sur papier Japon à 20 fr.
5   —   Watmann à 15 fr.
10   —   Hollande à 12 fr.
NUMÉROTÉS A LA PRESSE

L'ŒUVRE PELADANE

ŒUVRES PUBLIÉES

La Décadence Latine (Éthopée)

I. Le Vice suprême (1884).
II. Curieuse (1885).
III. L'Initiation sentimentale (1886).
IV. A Cœur perdu (1887).
V. Istar (1888).
VI. La Victoire du mari (1889).
VII. Cœur en peine (1890).
VIII. L'Androgyne (1890).
IX. La Gynandre (1891).
X. Le Panthée (1892).
XI. Typhonia (1893).
XII. Le Dernier Bourbon (1894).

Prochainement

XIII. La Lamentation d'Ilov. | XIV. La Vertu suprême.

Amphithéâtre des Sciences Mortes

I. Comment on devient mage (éthique), in-8°, 1891 (Chamuel).
II. Comment on devient fée (érotique), in-8°, 1892 (Chamuel).
III. Comment on devient ariste (esthétique), 1893 (Chamuel).
IV. Le livre du sceptre (politique), 1894 (Chamuel).
V. Comment on devient et on reste catholique.

Théâtre de la Rose † Croix

En beaux volumes petit in-4° à 5 francs

Babylone, tragédie wagnérienne en 4 actes, conforme à la reprise de l'Ambigu, 1894.
La Prométhéide, restitution de la trilogie d'Eschyle, 1895.

Sous presse

Le prince de Byzance, drame romanesque en 5 actes.

Théâtre (Œstrie)

Le fils des Étoiles, en trois actes (représentée à la Rose † Croix).
Orphée (tragédie).
La Rose † Croix, mystère en trois actes.
Le Mystère du Graal, en cinq actes.
Sémiramis, tragédie en 4 actes.

LA QUESTE DU GRAAL

Proses choisies des dix premiers romans avec dix compositions et un portrait de Séon (Ollendorff), 3 francs 50

L'ŒUVRE PELADANE
ŒUVRES PUBLIÉES (Suite)

(INTRODUCTION à l'histoire des peintres de toutes les écoles depuis les origines jusqu'à la Renaissance, avec reproduction de leur chefs-d'œuvre et pinacographie spéciale, in-4°, format de Charles Blanc : L'*Orcagna* et l'*Angelico*, 5 francs.

REMBRANDT, 1881 (épuisé).
ORAISON FUNÈBRE DU DOCTEUR ADRIEN PELADAN (Chamuel). . 1 fr. »»
ORAISON FUNÈBRE DU CHEVALIER ADRIEN PELADAN (Chamuel). 1 fr. 50
CONSTITUTIONS DE L'ORDRE DE LA ROSE † CROIX, DU TEMPLE,
    ET DU GRAAL . . . . 1 fr. 50

La Décadence esthétique (HIÉROPHANIE)

I à IV. L'ESTHÉTIQUE AU SALON DE 1881-84 (1 vol, in-8°), 7 fr. 50, premier tome de l'artochlocratique, avec portrait.
  V. FÉLICIEN ROPS (épuisé).
 VI. L'ESTHÉTIQUE AU SALON DE 1884 (l'*Artiste*) (épuisé).
VII. LES MUSÉES DE PROVINCE (épuisé).
VIII. LA SECONDE RENAISSANCE FRANÇAISE ET SON SAVONAROLE.
 IX. LES MUSÉES D'EUROPE, d'après la collection Braun.
  X. LE PROCÉDÉ DE MANET.
 XI. GUSTAVE COURBET.
XII. L'ESTHÉTIQUE AU SALON DE 1885 (*Revue du Monde Latin*).
XIII. L'ART MYSTIQUE ET LA CRITIQUE CONTEMPORAINE.
XIV. LE MATÉRIALISME DANS L'ART.
XV-XVI. LE SALON DE PELADAN, 1886-1887 (Dalou) (épuisé).
XVII. LE SALON DE PELADAN, 1889.
XVIII. LE GRAND ŒUVRE, d'après Léonard de Vinci (épuisé).
XIX. LES DEUX SALONS DE 1890 avec trois mandements de la R. † C. (Dentu).
XX. LES DEUX SALONS DE 1891 (épuisé).
XXI. LES TROIS SALONS DE 1892 (épuisé).
XXII. LES TROIS SALONS DE 1893 (épuisé).
XXIII. LES TROIS SALONS DE 1894 (épuisé).
XXIV. LES TROIS SALONS DE 1895 (épuisé).

L'ART IDÉALISTE & MYSTIQUE
DOCTRINE DE LA ROSE † CROIX
1 volume in-18, CHAMUEL, 3 francs 50, 1894

LE THÉÂTRE DE WAGNER, les 11 opéras scène par scène

LES XI CHAPITRES MYSTÉRIEUX DU SEPHER BERESCHIT
Version Rosicrucienne
Librairie de l'Art Indépendant

L'ŒUVRE PELADANE
Œuvres promises et prochaines

AMPHITHÉATRE DES SCIENCES MORTES

TRAITÉ D'HYPERPHYSIQUE

LES ARTS PERDUS

THÉORIE & PRATIQUE
DE
MAGIE RATIONNELLE

CATÉCHISME INTELLECTUEL
DE LA ROSE † CROIX

LA ROSE † CROIX
Bulletin Mensuel
De l'Ordre de la Rose † Croix du Temple et du Graal

TROISIÈME ANNÉE — SÉRIE EXOTÉRIQUE
Paraît chaque mois, en grand in-8° de 32 pages

ABONNEMENT

| UN AN : Paris et Départ. | 7 fr. | Voie anglaise | 10 fr. |
| Union postale | 9 fr. | Un numéro | 0 fr. 50 |

Les abonnements partent d'avril et se paient d'avance

Pendant la Geste, s'adresser pour Toute Chose à la Commanderie
du Salon de la ROSE † CROIX
Les livres et estampes et ce qui concerne l'Ordre, doivent être adressés
2, rue de Commaille, 2
Pour la vente à la Librairie : 11, Chaussée d'Antin

A MON AMI

ALEJANDRO DORADO. R.

Mon Cher Ami,

Nos amis sont nos vivants honneurs.

D'admirables causes furent désertées et les nobles égrégores souvent n'ont pas été suivis ; la fidélité ne paraît pas toujours là, où l'histoire la voudrait trouver. N'importe, elle entraîne un prestige incomparable : et j'éprouve une légitime fierté à retrouver à mes côtés, ceux qui, il y a cinq années, se croisèrent à mon exhortation.

Venu un des premiers, vous restez un des meilleurs, en cette voie rosicrucienne où le succès ne suivit pas constamment l'effort, mais où l'effort ne cessa jamais son mouvement de lumière.

Vous avez été à toutes les peines, à toutes les gestes, je dirais à toutes les campagnes et à tous les combats, si ces expressions n'abaissaient la très sainte idée. Notre drapeau est un labarum ! Præliamini prælia **Domini**.

L'au-delà ne s'est pas manifesté avec l'éclat d'une promesse ; Constantin entendit la divine assurance : « par la vertu de ce signe tu vaincras. » Si je veux dé*mêler dans l'illumination de Bayreuth la voix idéale et la formuler, voici l'ordre impérieux entendu :* « *Combats pour rendre à ce signe son antique vertu.* »

Vous ne l'avez pas oubliée, la foudroyante émotion, qui nous terrassa chevaliers et maîtres, quand sur une scène à cet instant transfigurée, Sarah de Maupers prononça ces paroles, dont seuls nous savions la formidabilité et l'ineffabilité, où se cachent les vérités testamentaires du passé et tout l'essaim des espoirs.

« *.. Vois l'inconsolable rose aux clartés des dernières étoiles ; le prodige de cette fleur victorieuse de l'hiver attira mes regards et sa vision me sembla dégagée de moi-même... Doucement donc, j'arrachai toute sa tige, à travers les dures épines, sur l'arbuste mort d'où elle s'était élancée et qui la supportait. Puis, je réchauffai, sous mon haleine, le soufle de son parfum entre mes mains qui tenaient encore cette arme secrète forgée en de vieux jours. — Ecoute ! Des Esprits, — que sais-je — des génies, étaient certes, enfermés en sa beauté !*

« *Aussitôt des passages de l'Histoire Humaine jusquelà voilés à mon esprit s'illuminèrent, en ma mémoire, de significations augustes et surnaturelles. Ainsi, je compris, sans pouvoir m'expliquer même l'intérêt que je prenais à la contempler, pourquoi cette fleur, ainsi placée, par hasard, entre mes mains, sur la croix de mon poignard, formait un signe qui avait dissipé,* autrefois, comme du sable, *les plus fiers et les plus solides empires.* »

Oh ! nous l'avons entendu en nos âmes le chant des Rose ✝ Croix, comme nous avons revu en esprit le disque des Atlantes et des Egyptiens, le symbole solaire qui signe les initiations les plus lointaines, dans les deux hémisphères, ici des rayons, là des ailes étendues se sont enfin transformés en pétales et le symbole florit, et le cercle rayonnant devint la Rose adorable.

Elle languissait fanée, mourante, quand Jésus-Christ la raviva d'un autre signe également éternel, incomparablement virtuel et Verbum caro factum est, *et la Croix est inscrite dans la Rose ; sainte image du mystère ineffable, allégorie précieuse de la Rédemption. Bénis sont ceux qui comprennent la surhumaine harmonie de la Beauté et de la Vertu, de la Science et de la Foi, du Droit et du Devoir, de la Forme et de l'Idée, bénis ceux qui participent à la thaumaturgique vertu de ce pantacle qui résume toutes les sagesses et qu'accueilleraient tous les temples. Il Vous a été donné de venir précocement parmi ceux qui ont le seul âge de leur pensée. Vous avez senti le mystère au moment où la plupart se déperdent aux errements du siècle : merveilleuse fortune qui, hâtant Votre évolution, Vous orienta vers l'idéal sans tâtonnements et les recherches pénibles que connurent même les maîtres.*

Vous méritiez cet heur intellectuel par la noblesse native de Votre caractère ; le miracle passe au chemin de Damas, mais il faut être Paul, pour qu'il ait lieu.

L'élection d'un être réside en lui ; l'éducation, la religion, l'initiation contrepointent seulement ou fuguent le thème daïmonique. Je ne Vous fais donc pas un mérite d'effort pour avoir préféré les plus belles conceptions et obéi à l'idée radieuse.

Mais au lieu de Vous complaire égoïstement au Mystère, Vous l'avez servi comme le servirent ceux du Moyen-Age. Aux quatre gestes de l'ordre Vous avez été le bon chevalier de rêve qui ne voit que le but éternel et ne s'inquiète pas de savoir si le soin qu'il assume est le premier, pourvu qu'il soit nécessaire. Vous avez eu le courage du détail et l'application au divers, et quoique l'idée seule créât en Vous ce zèle; acceptez mon merci au nom de cette même idée qui me missionna.

Ayant milité si tôt d'un zèle si monacal pour l'au-delà, nul doute que l'avenir ne Vous garde une chevaleresque entreprise.

Les destins puisent parfois leur sève au plus lointain passé ; ne l'oubliez pas. La Foi Vous confère sa force et l'initiation sa lumière et je viens témoigner ici de Votre beau dévouement à l'idée pour le plaisir affectueux de Vous donner l'éponymat de cette œuvre qui puise sa sève au plus lointain passé et prend sa vertu « du Signe par lequel furent fondés les plus fiers et les plus solides empires. »

SAR PELADAN

9 avril, en la fête de S. Marie l'Égyptienne, an 1895 de J.-C.

PRÉFACE

A l'instant où j'écris ici le mot préface, m'arrivent deux coupures exemplaires de l'abaissement français.

Un député qui se trouve aussi soldat (ô peuple de fous, croire que le même homme qui supporte le joug militaire sera capable de législation) n'a pas le droit, pendant son passage sous les fourches caudines du recrutement d'associer son nom à un manifeste de son groupe politique Un général ministre de la guerre appelle ce cinq cinquante-cinquième de roi, « le chasseur un tel, matricule tant. »

Et la majorité applaudit.

Mieux encore, on vient de déclarer que tout militaire qui n'aurait pas les idées de sa caserne ou de son capitaine (les idées d'un capitaine ô blasphème de toute pensée, révoltante association de mots !) serait mis à la torture, c'est-à-dire envoyé dans les compagnies de discipline. Dans la même colonne du même numéro, on lit une condamna-

tion de cent francs contre un malheureux qui ramassait les bouts de cigare et les vendait ensuite à d'autres malheureux.

La France retourne à la Barbarie : comme le domaine intellectuel a été piétiné par les sans culottes : et que nous avons vu les encyclopédistes reparaître sous visage de crocheteurs, le pays où il n'y a plus une idée juste en circulation se jette désespérement dans les bras de fer de l'armée, par instinct de conservation. Or, à moins que moi-même je n'aie subi la contagion et ne sois devenu fou, j'estime que le législatif est hiérarchiquement au-dessus de l'exécutif ; que le cedant arma togæ est la formule civilisée, et le cedat toga armis celle de la brutalité.

Si le mandat législatif n'implique pas l'indépendance du législateur, que devient l'esprit de la constitution ? Disciplinairement, on peut faire périr qui l'on veut, quand on veut, dans l'armée : or, voici un député qui a proposé une loi déplaisante à son sergent-major. C'en est fait de lui, à moins d'une santé d'Hercule Farnèse ou de Milon de Crotone !

Quelle antinomie sans exemple ! Cet homme qui tient la barre de l'État, sera réduit en servitude par un caporal obtus et peut-être ivrogne : et ainsi jusqu'à quarante-cinq ans, le roi de France in partibus redeviendra à certaines périodes, le serf le plus avili.

On avait déjà vu des docteurs ès-lettres, des artistes courbés sous le sabre ignare : mais, cela n'étonnait pas ; l'armée a le mépris sans borne de ce qui n'est pas elle, et Léonard, comme Dante lui paraissent « d'ignobles pékins, » bons pour Biribi ; l'armée a même la haine de l'intellectuel à un degré furieux, et grâce à sa discipline, elle peut sévir, sans aucun risque.

Le traitement que subit le paysan quittant sa charrue pour le fusil, ou l'ouvrier sortant de son usine pour la caserne, assassinera sûrement, innocemment le savant quittant ses livres pour la théorie et son cabinet pour des efforts physiques impossibles à un sédentaire.

Dans nos races appauvries, le développement intellectuel ne s'obtient qu'au détriment de l'entité physique ; donc tous les êtres civilisés sont mis en péril, sans profit pour l'État, par la toute-puissance abandonnée aux mains exécutives.

Il est de simple raison qu'on ne peut être juge et partie ; la profession exécutive interdit la judiciaire : or, il y a une justice militaire maritime. Qu'on instaure une justice de la Régie, pour connaître de ce qui l'intéresse et une autre pour chaque part de l'administration. Ce sera moins absurde, car les emplois pacifiques n'éteignent point la raison et la sensibilité, tandis que la charge exécutive n'existe qu'à leur mépris.

La discipline est la nécessité même en toute

matière, à plus forte raison dans l'armée ; mais la discipline ne doit pas être la raison du plus gradé, comme elle est d'ordinaire : on a institué le jury, comme contrepoids aux juges, forcément excessifs dans leur amour de l'ordre et en face du ministère public, dont l'avancement, nul ne l'ignore, au lieu de naitre de son équité, dépend de sa puissance d'incrimanation.

Quelle incohérence, et comment une nation vivrait-elle, au mépris de toute science ?

Certes, le suffrage universel ne confère pas à mes yeux une véritable dignité, je suis oriental et théocrate. Pour les occidentaux, démocrates qui ont divisé le pouvoir en cinq cent cinquante parts, le ministre de la guerre est criminel de lèse majesté, ou bien la Chambre ne représente pa le peuple et celui-ci n'est pas souverain.

Le ministre de la guerre restaure à son plaisir l'autocratie de Louis XIV, il rétablit l'inquisition, puisqu'il pense poursuivre des idées, sur ses serfs et il rétablit la question tandis que la Régie, poussant la rapacité plus loin que jamais aucun fisc ne l'osa, condamne le pauvre pour avoir disputé quelques sous de pain au balai de la voirie.

Vraiment, quand un peuple a fait un si énorme remuement que la Révolution pour reproduire aussi exactement les mêmes erreurs, ce peuple relève de l'aliénisme, et non plus de l'his-

toire ; si je devais exposer la situation française, j'aurais à témoigner de mes connaissances en médecine mentale ; depuis l'exécution des Décrets, époque où j'ai été lire ma méditation et forcé de regarder mon temps, je n'ai vu en France que des faits cliniques, des cas morbides et un concours incessé de criminels et de stupides, tel qu'aucun moment d'aucune histoire ne le présente.

L'Ethique, l'Erotique, l'Esthétique de l'Amphithéâtre des sciences mortes ont été accueillis avec faveur, avec profit, elles s'adressaient à l'orgueil, à la sexualité et à sensibilité supérieure, ici, je ne parle qu'à la Raison et je ne traite que du salut de toute l'humanité, le livre du Sceptre ira rejoindre dans l'oubli le De Monarchia de Dante, de Maistre, de Bonald, Saint-Bonnet, Fabre d'Olivet et le marquis de Saint-Yves, au rayon des livres qu'on dit avoir lus et qu'on ne feuillete même pas.

Si je le présentais à l'Académie des sciences morales et politiques je paraîtrais plaisanter.

Comment ! il y aurait une science politique autre que l'à propos et l'opportunisme ? La vie sociale aurait des lois, une hygiène et personne ne s'en doute que quelques rêveurs décriés, et ce serait un homme pas sérieux, presque un jeune homme de lettres, l'auteur de quatorze romans, un critique d'art que décrient tous les artistes sous dessin, un dramaturge qui prétend avoir refait deux tragédies d'Eschyle.

Quelle plaisanterie ! Quelle matière à risée.

En outre, l'auteur déclare ne rien présenter d'original, il avertit que toute idée personnelle est une erreur et il cite Aristote comme au bon temps de la scolastique. Aristote nous l'avons traduit en classe et oublié.

Tandis que toutes les sciences s'incorporent pour ainsi dire à la vie civilisée, l'homme reste ignorant des lois relatives de son espèce ! Familiarisés avec les découvertes pratiques, les plus obtus de nos races ne s'étonnent pas qu'un miroir leur présente l'illusion d'un autre eux-mêmes ; le paysan ne s'étonne pas quand la locomotive se meut ; mais l'éducation intellectuelle n'a pas suivi un même progrès, et dans l'ordre élevé, il prend son image pour un vrai Sosie et s'étonne de la machine à vapeur.

Depuis 1870, ni à la Chambre, ni au Sénat, une parole n'a été prononcée qui ne fût d'un barbare.

Le cerveau latin ne fonctionne plus : en veut-on le plus récent exemple : un conflit s'est élevé ces temps, entre les savants officiels athées et les spiritualistes également officiels. M. Berthelot se constitua coryphée des premiers et M. Brunetière proféra au nom des autres : et on vit ce spectacle, le défenseur de l'Église déclarer que ni Dieu, ni l'âme, ni Jésus-Christ ne se démontrent et ne se prouvent ; et quant au coryphée de la science, savez-vous pourquoi il rejette le mystère, parce qu'il croit à la relation des effets aux causes ; *il supposait donc que le vrai nom de mystère était absurde. Ce savant enseigne, que les peuples et les particuliers qui ont adopté l'inspiration divine n'ont pas tardé à tomber dans la ruine morale et intellectuelle.*

La morale fut toujours empruntée aux connaissances scientifiques de l'époque, comme les religions.

Voulez-vous de textuelles insanités :

Quant aux fins et aux origines, ce n'est pas leur connaissance qui peut fournir la direction de la vie.

Peste ! Que lui faut-il ? L'origine et la fin ne lui suffisent ; de quoi se contentent-ils cependant.

« Nous respectons les sentiments moraux que les religions ont tiré des sciences.

« Jamais les dogmes religieux n'ont concouru à améliorer la condition humaine.

« L'homme trouve la morale en lui-même. »

« La notion, plus haute et plus noble de la solidarité humaine, a été de longtemps paralysée par celle de la charité chrétienne, qui représente un point de vue inférieur et désormais dépassé. »

Voilà les dires de l'homme qui représente officiellement en France la plus haute culture : or, cet homme déraisonne, méprise les formes traditionnelles de la logique et s'autorise de ses titres scientifiques pour jeter les défis les plus insensés à la culture.

Comment les simples ne seront-ils pas troublés, en voyant ce professeur du collège de France, secrétaire perpétuel de l'Académie des sciences, déclarer que l'Egypte n'a pas tardé à tomber dans la ruine morale et intellectuelle.

Or, l'Egypte à ses cinq mille ans prouvés et sa théocratie également, M. Berthelot peut-il l'ignorer ? C'est donc un imposteur.

Les deux religions qui réunissent à cette heure le plus grand nombre d'adhérents nous sont connues en leurs origines. N. S. Jésus-Christ et Gautama ont-ils basé leur verbe sur les connaissances scientifiques de leur époque ? Où est la science physique dans l'Evangile, où est-elle dans le rouleau des Morts ; où est-elle dans Manou, dans la Baghavad, dans le Lalita-Vistara ?

M. Berthelot est-il ignorant ; non, mais imposteur.

Voilà pourquoi le Livre du Sceptre vient à son heure, comme un acte de Raison, de Tradition, de Lumière, — on y trouvera les lois éternelles qui condamnent ce temps, ses hommes et ses œuvres au néant.

SAR PELADAN

LIVRE PREMIER

LE
SEPTENAIRE DU MACROCOSME

> Deux Moires gouvernent l'univers.
> L'une s'appelle l'Ordre :
> Elle conserve, elle modère, elle utilise, elle règne au présent.
> L'autre s'appelle le Progrès
> Elle ose, elle avance, elle découvre, elle commande à l'avenir.
> Ton père, ô Athéné, incarne l'une, je réalise l'autre.
> Je suis l'individu, je suis le mouvement.
> Il est le nombre, il est le repos dans la force.
> J'ai dépassé mes droits, j'ai marché trop avant :
> Zeus m'a puni : mais il m'a trop puni, et aujourd'hui, il a fallu qu'il se repente.
>
> PROMÉTHÉE DÉLIVRÉ,
> Restitution du Sar Peladan n'ayant pu obtenir lecture à la Comédie Française.

LE LIVRE DU SCEPTRE

I

L'INDIVIDU

Le plus grand caractère hors de son milieu devient grotesque : le génie relève de l'époque et la vertu sort de l'événement : telles âmes qui ont projeté une chaleur bienfaisante et mérité la gloire, deviendraient pitoyables ou risibles, sitôt, les circonstances changées.

Aucun chevalier n'eut plus grand idéal ni meilleur courage que Don Quichotte; mais il prenait des moulins à vent pour des Sarrazins. Laissant les œuvres de force, on peut se figurer l'accueil que feraient Paris et l'Occident actuel, aux nabis d'Israël, aux moines mendiants du Bouddhisme, aux apôtres de Jésus.

Jésus lui-même ne serait-il pas simplement conduit au poste le plus voisin par un gardien de la paix et condamné en correctionnelle pour attroupement sur la voie publique?—Et le salut du monde échouerait de par la Loi de quelques avocats, dans une maison d'arrêt !

L'homme civilisé est tellement envoûté d'un brutisme spécial, qu'il ne comprend rien, hors de certaines formes ossifiées en son esprit. Chose remarquable ! tous les livres sacrés en rapportant un miracle lui attribuent le mode expressif du temps et du lieu où il se produit; jamais il n'y a d'anachronisme entre l'événement surnaturel et le cadre. Il existe donc une nécessité dans l'échelle évolutive, et l'homme, si grand qu'il soit, se limite par son temps : le génie ne saurait être que l'expression surélevée d'une période.

LE DERNIER BOURBON
Douzième roman de l'ÉTHOPÉE LA DÉCADENCE LATINE

I

L'INDIVIDU

La politique (πολις, *cité*, πολιτεια, *politie*, état de civilisation), n'a pas d'autre définition que celle d'*éthique collective.*

Éthique *est le singulier et* politique *le pluriel de la même mathèse : l'art ou la science de la vie, suivant qu'on envisage l'individu ou la pluralité.*

Les conditions biologiques d'une série sont identiques aux facultés de l'individu-type.

Donc, tout ce qui est vrai en éthique, se confirme en politique — il suffit d'appliquer à l'homme collectif les catégorisations trouvées dans l'homme individuel.

Les disciples de « Comment on devient Mage » ici se troublent et s'inquiètent peut-être ; ils oublieraient donc leur Aristote ? « Celui qui n'a besoin de rien, parce qu'il se suffit à lui-même, ne fait point partie de l'État, c'est une brute ou un Dieu. »

J'ai enseigné les lois de l'individualisme à ceux qui, n'ayant besoin de rien, ne faisaient point partie de l'État, et qui, pour repousser les devoirs, renonçaient aux droits

« Les lois ne sont nécessaires que pour les hommes égaux par leur naissance et leurs facultés. Quant à ceux qui s'élèvent à ce point, au-dessus des autres ; ILS SONT EUX-MÊMES LEUR PROPRE LOI. Celui qui prétendrait leur imposer des règles se rendrait ridicule. » Et plus loin, « on ne peut pas le soumettre à l'autorité ; ce serait presque commander à Jupiter. Le seul parti à prendre c'est que tous consentent à lui donner l'autorité, et aux hommes qui lui ressemblent. »

Jamais l'individualisme n'a parlé un tel langage ; mais le Stagirite ne prenait pas tout homme pour un individu, et le moi d'un industriel l'eut fait sourire.

Il ressort de l'assertion Aristotélique que la politique ne concerne pas les hommes supérieurs sinon comme chefs possibles, et dès lors la société se trouve réduite à deux catégories : animiques et physiques, Kchatryas et Vayaças divisés en trois classes de citoyens, les riches, les pauvres et les gens à leur aise ou bourgeois, ces derniers sont les premiers que le législateur doit envisager.

Dans l'ordre social, l'idéal s'appelle justice comme dans les œuvres beauté; dans les sentiments charité; dans les idées vérité. Ainsi le comprit Platon, d'après Socrate.

Le Mage, et j'entends ici l'homme incapable de désordre et digne de tenir le sceptre, si on le lui offre, et insusceptible de le désirer, le Mage est en dehors et au dessus de la politique.

Il n'existe pas en français un seul traité de politique, au sens de manuel scientifique, de compendium d'étude. L'Égypte et la Kaldée ne nous ont laissé aucun texte doctrinal; les lois de Manou paraissent le livre le plus vénérable de la politique. Après immédiatement, se place la « Politique » d'Aristote, merveille de raison lumineuse. Platon, le sublime métaphysicien, n'a pas plus de valeur sceptrale que son maître Socrate, la communauté des femmes et des biens suffit à repousser ses « Lois » et sa « République. » Quant au *de officiis* et au *de legibus* de Cicéron, ce ne sont que redites de choses grecques.

Hugo Grotius, Puffendorff, Vico, Kant, Hegel, Fichte et enfin Sthall ont traité du Droit, qui n'est qu'une partie de la politique, une adaptation. Il nous reste le « Citoyen » et le « Leviathan » de

Hobbes, les traités de Spinoza, de M. de Montesquieu et enfin Fabre d'Olivet et Saint-Yves d'Alveydre. Je ne crois pas qu'il faille mentionner Machiavel, sinon en synonyme de perversité, et le *Contrat social*, comme ineptie. Je donnerai, *passim*, les assertions les plus caractéristiques des théoriciens énumérés : voici d'abord le meilleur système qu'on ait proposé.

De ceux qui ont tenté une philosophie de l'histoire, Fabre d'Olivet seul a sû produire un théorème satisfaisant. Suivant la formule de Saint-Martin, qu'il faut étudier l'Univers au moyen de l'homme et éclairer le collectif par l'individu, l'auteur de l'*État social* base sa théorie sur la connaissance métaphysique de l'être humain. Il remarque que l'hominalité fut la quatrième série créée; les trois premières étant : le minéral, le végétal et l'animal.

Après avoir montré le plan médian qu'occupe l'humanité entre la matière animée et la spiritualité pure, il expose la triplicité élémentaire de l'homme, telle que l'occultisme de tous les temps l'admit. Son originalité consiste à avoir considéré un quatrième état résultant des trois vitalités : l'instinctive, l'animique et l'intellectuelle.

Ainsi, le corps se manifeste par les besoins, l'âme par les passions, l'esprit par les idées. Ensuite, il considère l'homme comme une puissance en germe que la civilisation développe, suivant deux normes qui sont : le Destin et la Providence. Le Destin est analogue à la fatalité des anciens, à l'Ananké ; tandis que la Providence représente la loi harmonique universelle et, littéralement, la volonté du créateur, la Moire. Bossuet ne voit que la seule Providence ; Hobbes que le Destin et Rousseau que la Volonté.

Il s'agit maintenant de limiter l'action respective de la Providence, du Destin et de la Volonté ; elles sont identiques aux trois vitalités humaines. La Providence correspond à l'Esprit, la Volonté au Sentiment et la Sensation au Destin.

Moïse est un homme providentiel ; la prise de Constantinople par les Turcs, un événement de Destin parce qu'il découle fatalement d'événements antérieurs. Luther représente la Volonté : son animisme reflète et syncrétise les sentiments analogues aux siens. D'après ces principes, la période primitive de l'homme fut dominée par le Destin. L'Ananké, sous les traits d'une nature inclémente, peuplée d'animaux redoutables, apparut d'abord devant l'homme inconscient. Quand il revint de sa première stupeur et qu'il fut un moment libre de besoins immédiats, le sentiment se fit jour en lui : il devint un être animique ou passionné. Mais, il n'atteignit son évolution complète qu'en arrivant à la troisième portée, sur laquelle s'écrit la vie supérieure. Ni la science, ni la théologie, l'une avec ses longues évolutions, l'autre par ses assertions de spontanéité, ne contrediront ce processus : Instinct, Sentiment, Pensée.

Dès maintenant on peut voir que l'homme d'État doit classer les êtres qu'il gouverne, suivant leur série respective.

Il faut nourrir tous les hommes, c'est le premier devoir du sceptre ; le second sera, ayant fait cesser le besoin immédiat, d'élever l'instinctif jusqu'au plan animique : mais, aucune fonction ne peut être distraite des mains intellectuelles, puisque ce sont les seules conscientes. L'Humanité, ou, cette fraction d'humanité qui s'appelle un pays, doit être considérée comme un immense pensionnat de mineurs qu'on n'émancipera jamais. Un peuple, pour l'homme du Sceptre, s'appelle un total de besoins, et, ces besoins sont si légitimes, qu'il faut les réaliser devant toutes choses : sinon, on autoriserait, par une mauvaise gestion, les gens d'en bas à s'insurger contre le Sceptre. La nature crée des castes par la distribution inégale des facultés, et chaque fois que l'on disconvient à ses catégorisations, on produit du malheur et du désordre. Il est fort douteux qu'Archimède eut fait un bon hoplite, ni qu'aucun hoplite ait pu suppléer Archimède.

La vie sociale se compose des mœurs et de la police ; des lois et de leur exécution ; des doctrines et de leur application virtuelle.

Il y a donc trois sortes de citoyens : celui qui travaille de son corps, pour ses besoins ; cet autre qu'un sentiment incite et qui poursuit un point d'honneur et d'idéalité relative; enfin, l'homme de doctrine qui vit selon des raisonnements, au lieu de suivre un courant de passionalité. N'est-il pas sensible que l'individu sentimental est intermédiaire entre l'homme confiné aux besoins et celui que surélève la pensée ?

La vérité prend son caractère de la variabilité infinie des conséquences, unie à l'immuabilité de ses principes. Il faudrait demander à des jeux d'expression son renouvellement ; le sujet change, le carreau qu'on pose sur le dessin demeure identique : et à ce quatrième tome de « l'amphithéâtre des sciences mortes, » je vais redire pour la quatrième fois un arcane qui m'a servi à établir « l'éthique, » à expliquer « l'érotique, » hiérarchiser « l'esthétique » et qui, aujourd'hui, réduira « la politique » à la plus irradiante simplicité.

Le groupement d'objets identiques ne change pas l'essence de ces objets : et la société, ce groupement d'hommes, obéit aux lois de l'hominalité. Or, la vie humaine possède trois plans : la sensation, le sentiment et l'idée, puisque l'homme est composé d'un organisme, d'une âme et d'un esprit.

Il y a donc, dans toute société, un organisme, un animisme et un intellectualisme.

Mais, le premier bénéfice du groupement humain, c'est la spécialisation : chacun se consacre, selon sa vocation, à une activité et la nature des activités donne la hiérarchie :

Les physiques Vaysias, les animiques Kchatryas, les intellectuels ou Brahmanes.

L'Inde est morte pour n'avoir pas compris que si l'hérédité animique ou royale a des avantages politiques, l'hérédité brahmanique ou intellectuelle semble un défi porté à la science et à l'histoire et entraîne une irrémédiable décadence.

La Papauté demeure seule des institutions de notre ère parce que sa constitution est individualiste.

L'harmonie d'un tout résulte de la subordination des parties entre elles.

Or, l'égalité étant l'insubordination des parties, la constitution française s'appelle une désharmonie. Le nom social de l'harmonie est hiérarchie, c'est-à-dire classement des citoyens, suivant leurs facultés.

Les besoins vitaux sont les premiers droits, les plus impérieux, puisque l'homme ne peut se passer ni quelques jours de nourriture ni longtemps de vêture et de toit, et que la nécessité physique l'animalise et l'empêche d'évoluer animiquement.

Le rôle de l'État ne consiste pas en hospices et asiles, en assistance publique : ces institutions servent à pallier les fautes de la Constitution. L'art de gouverner a pour essence de créer des conditions possibles d'existence pour les citoyens ; et la plus triste situation sera celle d'assisté.

En regard du devoir de l'État, il y a aussi le devoir du citoyen, qui concorde.

Les vertus civiles résident à modérer ses passions, à agir selon la raison du devoir : plus précisément les vertus civiles sont au nombre de quatre.

La prudence qui se rapporte à notre raison ; le courage qui maintient l'irascible ; la tempérance qui est l'accord du concupiscible et de la raison ; et la justice.

Cette formule de Porphyre d'après Platon, correspond à la partie purgative des *Vers Dorés*.

D'après ces devoirs du citoyen, le problème de l'homme d'État se préciserait ainsi : obtenir l'assentiment des êtres raisonnables, domestiquer les irascibles; débouter les concupiscibles par l'action éclatante de Justice.

Toutefois, la justice moderne se base sur le mépris du juge : il a qualité pour voir le délit comme le médecin diagnostique le cas ; mais il doit oublier l'idiosyncrasie, le tempérament. Quelqu'un a volé, que ce soit la faim ou la perversité qui l'ait poussé, qu'il soit riche ou pauvre, on envisage le délit et non l'individu : et cela s'appelle l'égalité devant la loi.

N'oublions jamais que les militaires sont les derniers des hommes et que les conquérants ne sont pas même des hommes, avant d'ouvrir un Code Napoléon ; c'est la chiourme telle que pouvait la concevoir un caporal ivre de « Contrat Social. » Le maréchal de Biron et Ney avaient trahi, mais on leur devait de beaux services : était-il juste, de ne voir qu'un moment de leur vie, comme s'il se fut agi de Perrinet Leclerc ?

L'élévation de l'État a les mêmes sources que l'élévation individuelle.

Si le problème à résoudre était le bonheur matériel du plus grand nombre, la politique serait la matière la plus immonde où la pensée put s'égarer.

Qu'appelle-t-on un habile et à quels appels survient le succès ? N'est-ce pas au prix des pires capitulations de conscience, des plus variées pantalonnades, que de tout temps, on a conquis les biens de la contingence ? Jamais la fierté, la droiture, la scrupuleuse vertu n'ont conduit aux honneurs; ni le désintéressement et la probité à la fortune. Tout fonctionnaire a plus ou moins vendu son âme à l'erreur ; tout riche a plus ou moins volé.

Le Sceptre, qu'il soit tenu par l'autocrate ou par l'aristocrate, doit forcer un peuple à marcher vers le Bien, non par les tracasseries d'une police calviniste, mais par l'esprit même de la Constitution.

La plèbe demande aujourd'hui huit heures de distraction par jour : si elle entend les partager entre le café, le beuglant et le lupanar, ce serait dès lors grand dommage qu'elle les obtînt.

Il faut une tutelle aux mineurs, or le peuple même en cheveux blancs reste mineur, c'est-à-dire incapable de discerner son propre bien.

L'homme du Sceptre doit envisager le bien général : il n'y a pas plus de raison pour que le gouvernement favorise les manants que les nobles : et la billevesée des révolutions éclate en ce qu'elles ne représentent jamais que l'égoïsme d'une caste, l'ambition d'une catégorie.

Le bonheur de l'individu diffère-t-il de celui de l'État ? Non, dit Aristote, la vie la plus heureuse sera la plus conforme à la vertu. Mais en quoi consiste la vertu, sinon dans une préférence donnée aux biens de l'âme sur les biens extérieurs ? « Il est impossible d'être heureux quand on ne fait pas le bien, et le bien est impossible pour l'homme et pour l'État, sans la vertu et la raison. » Ces formules n'auraient aucun succès électoral, et l'*organon* pris en pierre de touche signalerait l'absurdité dans les doctrines d'aujourd'hui et de demain.

La fameuse *République* de Platon, où les enfants, les femmes et les biens sont en commun, apparaît invention ridicule malgré le nom de Socrate et la plume de son disciple ; on ne peut s'expliquer de telles aberrations chez de si beaux génies. Le sentiment d'Aristophane et la ciguë, sans se légitimer, du moins s'expliquent. M. Funck-Brentano a bien exprimé le fils de l'accoucheuse Phinarète, que l'oracle de Delphes, d'après Xénophon, proclama le plus sage des hommes : psychologue et logicien proclamant l'identité du bien et de la science, du mal et de l'ignorance, il fut le plus parfait des Athéniens, mais il ne sortit jamais d'Athènes, ni de fait, ni en pensée : sans notion historique, sans éléments de comparaison, il ne connut que lui-même et les gens de sa ville : de là, ses erreurs. Que n'aurait pas été Socrate, s'il eut voyagé ; ou s'il eut eu les lumières de l'archéologie, pour éclairer sa pensée par la tradition.

Les lois platoniciennes continuent la conception mystique du citoyen : « il y a les biens humains, santé, beauté, vigueur et richesse ; les divins sont la prudence, la tempérance, la justice et la force. » Voilà bien une étourderie de philosophe, qui usurpe sur la religion : car on ne démontrera à personne la nécessité de la vertu, si on ne dresse derrière le commandement, la perspective prodigieuse de la foi. Pour l'humanité de mon temps, qui individuellement n'est pas toujours indigne, la prudence consiste à ne pas se laisser surprendre en de mauvais cas ; la tempérance dépend des sommations de la maladie ou du médecin; la justice, du tort qu'on se ferait dans l'opinion à la trop violer ouvertement; et la force, à en abuser, en toute rencontre.

L'homme général n'est ni bon ni mauvais : il est médiocre, peu ferme en ses vertus, point très endurci en ses vices ; il suit les mœurs, c'est-à-dire les habitudes de son milieu et voit dans la loi plutôt une garantie de ses biens qu'une entrave à sa liberté : car l'indépendance est un sentiment si rare, qu'il ne va pas sans quelque folie de l'esprit.

L'art le plus subtil du législateur sera toujours d'opérer plutôt par les mœurs que par les lois, par l'opinion que par la force. Loin de s'attacher à la positivité des biens extérieurs, l'homme a plus d'envie contre le prochain que d'avidité pour aucun objet. Il y a une vingtaine d'années, le plébéien qui partait comme remplaçant recevait trois ou quatre mille francs, et son temps accompli, pouvait s'établir et finir dans l'aisance ; le fils de ce plébéien préfère ne pas toucher cette somme et voir le fils du bourgeois faire l'exercice avec lui. L'opinion étant de formule égalitaire, il n'y a pas de doutes que si on appliquait les traitements d'Afrique, aux garnisons de France, aucun ne se plaindrait, pourvu qu'il n'y eut pas d'exception. Jamais la matière gouvernable ne fut aussi souple à la bastonnade et je m'étonne que les gens du pouvoir ne se donnent pas ce spectacle, en ayant soin de n'oublier aucune échine, car le Français n'ayant dans l'âme qu'une passion : la haine d'autrui, il se révolterait, sentant son abjection du jour où il ne la partagerait pas avec tout le monde.

Quel est le droit de l'homme ? son bien. Le peut-il tirer de lui-même ? non, puisque le mariage et l'amour sont la nécessité de son évolution, et que, mariage ou amour, il y a ébranlement de la sensibilité et commencement de société. L'homme sauvage ne perd-il pas sa liberté, en entrant dans la cité ? Au contraire, dans le cours ordinaire, le guacho est le moins libre des êtres : sans cesse menacé par les animaux de la Savane, inquiet en son sommeil, s'il ne subit pas la police sociale, une nature inclémente l'entoure qui ne lui laisse aucun répit : le plus haut point de félicité où il puisse prétendre est un fatalisme insouciant : en aucun cas, cet homme ne peut aller bien haut dans le mouvement animique, ni arriver à la pensée. Rousseau a dit que l'homme qui médite est un animal dépravé et que plus les hommes savent, plus ils se trompent ! Ces assertions folles deviendraient raisonnables appliquées à leur auteur ; en effet l'homme qui médite, sans avoir les facultés nécessaires, se déprave ; et plus les hommes inaptes à la science étudient, plus ils se trompent. Flaubert l'a caricaturalement montré dans Bouvard et Pécuchet : et tous les démagogues, de Weishaupt à Feuerbach, Stirner, Herzen et Bakounine.

Le bien physique de tout ce qui vit est de croître ; on ne peut dire même pour la plante et l'animal que l'avortement vaille la floraison et la croissance.

Mais l'homme n'étant pas seulement un organisme est appelé aussi à la croissance animique, plus encore à la croissance intellective ! Or la nature met son niveau sur l'homme et sur l'animal ; il faut que l'homme le secoue, le dépasse, sinon il reste moindre que les autres mammifères. Or, l'état social paraît la condition *sine qua non* de l'évolution humaine.

La Providence l'a ainsi voulue, le Destin a placé l'homme dans des circonstances fatales qui ne lui permettent pas de s'y soustraire. Entre ces deux pressions de la Norme et du fait, la volonté se détermine obscurément d'abord, consciemment plus tard : l'homme va marcher à la conquête de sa personnalité.

Car le sauvage est l'homme-espèce et non l'homme-individuel ; sa force ou sa faiblesse le différencie de sa série ; la sensation lui apprend quelques lois physiques : qu'on ne marche pas sur l'eau et qu'on ne saute pas impunément d'un arbre trop élevé. Chaque fois qu'il enfreint certaines règles, il est aussitôt puni par la force des choses. Donc, plus il amassera d'observations, plus il réduira les chances malheureuses. Le premier qui remarqua, que les points scintillants de la nuit servent à s'orienter, fit une grande découverte. Ce qui discrédite la civilisation en certains cas, c'est l'homme resté buse devant les évidences morales, et incapable d'analogie.

Nous sommes libres de nos mouvements, mais les lois statiques dominent cette liberté ; ainsi l'être moral qui paraît libre en ses sentiments comme l'être physique en ses gestes, dépend des lois animiques aussi rigoureuses qu'aucunes.

Quel sera donc le rôle de la société, sinon d'apprendre à l'homme toutes les lois qui le régissent, tant morales que matérielles.

Car, dès l'instant qu'il y a phénomène, il y a loi ; or, le phénoménisme intérieur ne saurait être anarchique, la civilisation devra donc à l'homme un enseignement animique.

On pourrait nécessiter la vertu, comme une hygiène et une prophylactie, devant un esprit simple : la loi morale lui apparaîtrait tout aussi bien que de celle de la dynamique, et l'exemple en a été donné par Cakya Mouni. Il n'a promis que la cessation de la vie telle que nous la connaissons, comme récompense de la vertu et cela suffit à trois cents cinquante millions d'hommes.

Mais si sommeillante que soit la pensée chez la plupart des êtres, l'homme obsédé d'inconnu constatant les lois en lui, comme autour de lui, a demandé où était le législateur. Aucun n'a pu penser que le maître de la nature fut quelqu'un de visible, cause ou Dieu ; puisqu'il était la source et le recteur, il fallait s'identifier à lui par le désir, et le comprendre c'était évidemment tout comprendre. Suivant les circonstances, Dieu parut terrible ou très doux ; mais l'homme découvrit qu'en s'adressant à lui, il éprouvait aussitôt un surcroît de force, de confiance, d'espoir, et que la prière était exaucée, au moins dans son cœur qu'elle ranimait. La religion naquit ; il ne manquait que le prêtre ; le plus pur d'existence et sans doute le plus nerveux, un extatique fut choisi, pour être l'intermédiaire de la tribu auprès de la divinité. Sur une montagne (les hauts lieux), on s'assembla pour demander l'appui du créateur et le remercier de ses grâces. Je ne veux pas ici troubler des âmes religieuses même pour convaincre, du même coup, les sceptiques : mais, je le maintiens, l'homme est devenu religieux parce qu'il reçut une réponse effective à son oraison. Alors même que l'efficience de la prière n'aurait été qu'un mouvement intérieur, rétablissant le calme au cœur de l'orante, et le mettant mieux à même de réduire la difficulté qui l'obsédait, par la concentration de son dynamisme auparavant désaccordé — il y avait miracle, c'est-à-dire résultat inespéré et mystérieux. On juge un peuple sur sa religion et un homme sur sa philosophie : mais quel jugement porter sur le peuple irréligieux, sur le peuple français ?

La religion fait partie intégrante de la civilisation même quand elle a cessé d'en être la mère et la créatrice : longtemps après que la religion eut évolué, la philosophie parut, et pour la presque totalité des êtres, elle n'est qu'un prisme d'hallucination, un ferment de désordre.

Si la mise en commun de la science ou expérience est un dogme social, l'utilité animique de la religion paraît au moins égale, puisque seule elle agit sur l'âme et y produit d'incomparables effets.

On arrache les crucifix sous l'œil stupéfait des enfants, dans les écoles de Paris, et quinze ans après, l'anarchiste a surgi, non plus déclamateur incohérent, mais chimiste redoutable, si redoutable que l'effroi dure encore, et qu'il a fallu une boîte à sardine explosive, pour que les gouvernants se demandassent, si les vieilles traditions valaient encore d'être conservées.

De tout temps, en tout lieu, les formes de la morale ont été empruntées à la religion.

Sans préjudice pour la tolérance, telle que la concevait le roi Açoka, le Constantin Buddhiste, une nation aura une religion d'État pour donner une existence formelle à sa morale. Seul, le plan théocratique permet la coercition vers le bien. La législation ne traite que du châtiment et des délits. On ferait un code des crimes impunissables aussi volumineux que celui des prévus. « Il faut que la vertu du citoyen soit en rapport avec la forme du gouvernement, » dit Aristote. Ne faut-il pas d'abord que la forme du gouvernement soit compatible avec la vertu et la raison ? Un aventurier éclatant, tel Bonaparte, soumet les âmes par des prodiges d'audace, les fanatise, les envoûte, c'est le *sit pro ratione voluntas* : en ce cas, ce n'est plus une législation qu'on adopte, mais un homme qu'on épouse et qu'on suit, par fascination.

Sous la forme de gouvernement athéistique, que sera le devoir civique ? la réponse est, opposition. Comme on ne saurait taxer le Stagirite de naïveté, il faut croire qu'il étudia des collectivités meilleures que les nôtres. Que le gouvernement soit aux mains d'un seul, de plusieurs ou de tous, la constitution est pure et saine, si l'on gouverne en vue de l'intérêt général, et il ajoute, les constitutions viciées sont : la tyrannie, l'oligarchie et la démagogie. L'une n'a pour objet que le monarque lui-même ; la seconde a lieu au profit des riches ;

la démagogie ne s'occupe que des pauvres. Aucun de ces gouvernements n'envisage l'intérêt général.

Le peuple a des besoins et le riche des vanités, il faut que les riches donnent au peuple et que le peuple laisse les honneurs aux riches.

L'égalité n'est justice qu'entre égaux ; l'inégalité n'est injustice qu'entre inégaux.

La charité, ce sentiment du ciel, seul compense l'inégalité ; et qu'on n'invoque pas l'idée de justice : l'avorton n'a point de droits selon la nature, ni la vieillesse ; mais l'adjectif humain s'applique, comme désignation suprême, à celui qui par la pitié s'intéresse au déshérité et à l'avorté : humanité, au figuré, signifie charité, condescendance et protection du fort pour le faible. Or, ce sentiment essentiellement artificiel, est le plus beau fruit de la civilisation ; mais ce serait une illusion de le chercher, de nos jours.

Il est bien avéré qu'il suffit pour le gain des batailles que les ennemis soient mis hors de combat : un militaire, bienfaiteur de sa patrie, a trouvé un fusil, Lebel, je crois, dont la balle fouille curieusement les blessures et les évase atrocement à sa sortie : la France adopte cette inutile barbarie, et les autres États s'évertuent dans la noble carrière de la blessure mortelle : et on parlera avec horreur des flèches empoisonnés du sauvage !

Les lois n'ont jamais généré ni la gloire, ni le bonheur d'un peuple ; elles ont été faites sous la pression d'une nécessité par des hommes d'un esprit médiocre, et seulement pratique. Ce sont les mœurs qui sont les vraies lois et qui décident de la valeur et de la prospérité d'un état ; elles doivent être composées d'après l'âme d'un peuple.

Mohammed n'est ni un grand esprit, ni surtout un être auquel l'humanité doive autre chose que des ruines, mais on doit étudier son Koran, chef-d'œuvre non de littérature ou d'idée, mais d'application idiosyncrasique. On pouvait donner aux Français, les lois les plus généreuses, les plus chevaleresques, les plus grandiosement désintéressées, les plus parfaitement humaines. Opprimée par le génie romain et abrutie par le bandit corse, l'âme française, réduite à des médiocrités, n'a pu s'enthousiasmer, alors que l'enthousiasme était toute sa force, sa faculté majeure. L'égoïsme ne mène ni haut ni loin, pas davantage l'État, que l'individu : la volonté qui n'adhère pas au plan providentiel, sera infailliblement brisée. Imposons comme arcane, ceci, que du moins l'hypocrisie nécessaire à chacun n'osera démentir :

L'État doit être juste et non pas passionné pour son intérêt et aveugle en ses désirs.

L'État doit être magnanime, c'est-à-dire préférer l'idéal à tout, et forcer les citoyens à cette préférence.

ARCANES
DE
SAMAS OU DE LA NAISSANCE

―――

I

Politique est le pluriel d'Ethique.

II

Les conditions biologiques d'une série sont identiques aux facultés de l'individu-type.

III

Dans l'ordre social, l'idéal c'est la Justice, comme dans les œuvres, la Beauté; dans les sentiments, la Charité; dans les idées, la Vérité.

IV

Il y a trois séries phénoménales dans l'homme: les besoins, les passions, et les idées.

V

Il y a trois Normes phénoménales dans l'univers: la

force des choses ou Destin; la volonté de l'homme; et la Norme divine ou Providence.

VI

Le Destin nécessite (les besoins), la volonté choisit et réalise (les passions), la providence bénit ou maudit (les idées archétypes et rectrices.)

VII

Il y a donc trois séries humaines; les instinctifs que domine le Destin; les passionnels qui font leur Volonté; et les Providentiels qui font selon la Norme. Ce sont les trois castes voulues par le Créateur.

VIII

La religion peut élever beaucoup d'instinctifs jusqu'à l'animisme.

L'éducation peut élever quelques animiques jusqu'à l'intellectualité.

IX

Il n'y a pas d'autre race que le génie, ni d'autre noblesse que l'étude, ni d'autre vertu que la charité.

X

Le groupement d'objets identiques ne change pas l'essence de ces objets.

La société, ce groupement d'humains, obéit aux mêmes lois que l'homme.

Il y a donc dans toute société, comme dans chaque individu :

Un organisme, un animisme, une intellectualité : c'est-à-dire des Vaysias, des Kchatriyas et des Brahmanes.

XI

L'harmonie d'un tout résulte de la subordination des parties entre elles.

Or, l'égalité se définit, l'insubordination des citoyens entre eux.

XII

Le nom social de l'harmonie est hiérarchie, c'est-à-dire classement des hommes, suivant, non leur naissance ou leur fortune, mais leurs facultés et leurs œuvres.

XIII

Les besoins vitaux sont les premiers droits ; le respect de l'ordre, le premier devoir.

XIV

L'élévation morale de l'État a les mêmes sources que celle de l'individu.

XV

L'homme du Sceptre doit forcer le peuple au Bien : qui est la condition du bonheur.

XVI

L'homme général est médiocre, ni ferme en sa vertu, ni endurci en ses vices : il veut plus de garantie pour ses biens que pour sa personne.

XVII

L'homme a plus d'envie contre le prochain que d'avidité pour aucun objet : la loi le force un instant, mais les mœurs seules le mènent toujours.

XVIII

Quel est le droit de l'homme ? son bien.

Quel est le devoir de l'État ? le bien de l'homme. Le peut-il tirer de soi-même ? Non, puisque l'amour est la première nécessité de son évolution et le commencement de la sensibilité.

XIX

Le bien physique est de croire et de florir.

Le bien animique ne peut différer.

L'état social est pour l'homme l'état de croissance et de floraison.

XX

L'homme paraît libre de ses mouvements ? Non pas, les lois statiques dominent cette liberté.

Il n'est donc pas libre de ses sentiments, que dominent d'autres lois.

XXI

Comment l'homme augmente-t-il sa liberté ? Par la connaissance des lois qui le dominent. La société seule les lui enseignera : le civilisé est donc plus libre que le sauvage.

XXII

Il n'y a pas de vie sans phénomène ; ni de phénomènes sans lois ; ni de lois sans législateur ; ni de législateur sans supériorité sur les légiférés ; ni supériorité sans antécédence ; ni antécedence sans différence ; ni différence sans causalité ; ni causalité sans causateur ; ni causateur sans mystère ; et le mystère s'appelle Dieu.

XXIII

Le décadent cherche son spiritualisme dans l'anormal et l'exceptionnalité ; au contraire les premiers hommes l'ont trouvé dans la périodicité, et l'identité phénoménales.

XXIV

La prière a devancé la religion et l'a fondée : ce fut d'abord un élan de gratitude ou de détresse ; et comme l'effet fut instantané dans l'âme rassérénée, la religion fut crée par le seul instinct du dynamisme animique.

XXV

La morale doit toujours prendre, et garder les formes de la religion ; et la science celles de la philosophie.

XXVI

Tyrannie, oligarchie et démagogie sont les formes de l'égoïsme d'un seul : ou des riches ; ou des pauvres.

XXVII

L'homme du Sceptre doit satisfaire aux besoins des pauvres et à la vanité des riches.

Il doit rendre les honneurs assez onéreux pour tirer, du riche, la vie du pauvre.

XXVIII

L'Etat doit préférer l'idéal de Justice même à l'intérêt apparent de tous ; car en suivant la justice, on rencontre toujours le vrai succès.

II

LE MARIAGE

Symbole du bonheur, synthèse de nature !
Elément accompli, ô rayonnante créature.
O mouvement joyeux, Pandore, mirage glorieux.
Prestige tout Puissant. . . . . . .
... O matière splendide, si je te donne une âme, voudras-tu sauver les humains ?
Ils sont féroces : tu les rendras sensibles.
Ils sont matériels : tu les ferais rêveurs.
Ils sont errants : et ils s'arrêteraient autour de toi.

. . . .

Viens régner, viens aimer, viens consoler, viens resplendir,
Fuis la barbarie et purifie l'instinct,
Succède dans leur cœur aux passions coupables

Reine des songes et reine des chimères,
Truchement de mystère dont je prévois l'effet prestigieux au faible esprit de l'homme !

PROMÉTHÉE, trilogie d'*Eschyle*,
restituée par le *Sar Peladan* et n'ayant pu obtenir
ecture à la Comédie Française.

II

LE MARIAGE

La science actuelle occidentale envisage l'homme primitif, tout autrement que les théogonies sacrées, et j'ai adopté, en cet ouvrage, un mode d'exposition rationnelle que démentirait l'intrusion d'éléments sacrés. On sait, de reste, que je suis le moins laïque des écrivains, mais je nuirais à ma thèse, et à son effet, si je ne la conduisais pas, sceptiquement.

Quand l'homme parut sur la terre, la nature était encore prodigieuse, écrasante ; la végétation colossale avait pour roi le monstre, l'animal oiseau, poisson, fauve et serpent à la fois, que le moyen âge revit en ses songes ; et quoique l'homme fut complet en puissance, en acte, il différait singulièrement de nous.

Il fut d'abord effaré et stupide, toutes les traditions le disent ; Eschyle dans son « Prométhée, » le seul drame sacré qui nous soit resté, en témoigne. L'homme primitif c'est l'homme physique, d'un instinct moindre que l'animal. Quelle épouvante quand le soleil disparut pour la première fois, quelle joie à la nouvelle aurore et bientôt quel espoir devant la périodicité des phénomènes !

Ce roman, qui a passionné tous les enfants et qui reproduit, en quelque sorte, le commencement de l'humanité, Robinson Crusoé, nous montre à quel point le primitif a du être absorbé par le soin de sa conservation. Parallèlement, un autre être, plus dénué que lui, la femme : infiniment malheureuse, en proie à mille terreurs, sans force pour satisfaire même sa faim. A sa vue, l'homme fut soulevé d'un désir intense et s'élança vers celle-ci, qui s'enfuit épouvantée, se défendit et enfin devint douloureusement la proie de l'homme. Le désir renaissant du sauvage s'impatienta et puis s'affligea de voir la femme se dérober et ne céder qu'à la force ; il pensa à l'apprivoiser, et un jour, au lieu de se précipiter comme une brute, il apporta sur des feuilles tressées, des fruits, quelque quartier de sa chasse : la femme avait faim, elle mangea, et réfléchit qu'il serait heureux, pour elle, que l'homme chaque jour lui apportât ainsi sa subsistance : elle eut alors son premier sourire, et donna le premier baiser. Celui-ci sentit une impression si différente, à cette marque de tendresse, qu'il fut moins brutal : la sentimentalité était née, la sauvagerie finie. Encore quelques moments, et l'amour allait éclore, l'Eros débrouillant le chaos de toutes les initiations. Fabre d'Olivet, auquel j'emprunte l'idée de ce tableau, a donné une formule profonde : « Jouir avant de posséder, voilà l'instinct de l homme ; posséder avant de jouir, voilà l'instinct de la femme. »

Physiologiquement, la femme primitive ne ressentait point la volupté, ni l'amour ; mais son instinct l'avertit qu'elle contenait une joie pour l'homme, et de là, à se servir du charme qu'elle exerçait, il n'y avait pas un effort démesuré. Sitôt qu'elle vit le sauvage ne se point lasser de la posséder, la force de son sexe lui apparut, elle exigea des provisions, elle suivit l'homme, qui le souhaitait, et ce fut le premier mariage. La corbeille de noces, encore dans nos mœurs, d'Olivet nous la montre, comme une commémoration des premières noces de l'espèce humaine.

Il y a toute une catégorie, prêtres hérissés de crainte, bourgeois pleins de tentations, dévôts obtus qui se signent au seul nom de volupté ;

comme si la sexualité qui a commencé la civilisation n'en restait pas la forme la plus efficace, quoique moins haute que plusieurs autres. Les modernes ont acquis du protestantisme des pudeurs aussi exagérées que les inconsciences païennes. Certes la débauche est une abominable chose, mortelle à l'individu comme à l'État, mais la débauche n'est pas la volupté. Ce que les poètes ont chanté n'est pas ce que réalisent les gens du monde dans leurs porcheries. L'hétaïre d'Athènes n'aurait pas souffert le langage de matelots en bordée que provoquent et écoutent en souriant les prétendues grandes dames de nos jours : et la façon dont les gentilshommes d'aujourd'hui expriment leur désir à des comtesses authentiques, s'inspire de Karageuz et des ityphalles. Les duchesses de ce triste temps se laissent aborder par le passant, chiennement flattées de cet hommage de la borne.

Le Mariage a été le début de la civilisation, il en reste le pilier ; et cette loi du Divorce qui profite à quelques individus a été désastreuse pour la société. Aussi Aristote a-t-il pris un soin inutile de réfuter Socrate qui fut inférieur, comme époux, puisqu'il ne sut pas être aimé ni obéi de sa femme. Platon se fit le rédacteur de cette absurdité, communauté des femmes et communauté des enfants ; voilà un collectivisme qui méritait au moins la coupe d'ellébore.

« Il faut d'abord unir, deux à deux, les êtres qui ne peuvent pas être l'un sous l'autre, comme l'homme et la femme. » Hésiode disant que la première famille fut composée de la femme et du bœuf, et le Stagirite défendant que l'on assimile la femme à l'esclave, montrent comment l'homme a d'abord mal jugé le plus clair des phénomènes.

L'Amour débrouilla le chaos dans l'âme de l'homme primitif; et l'amour continue sous nos yeux à être la seule poésie, le seul ferment de culture animique, chez la plupart des êtres même évolués.

D'Olivet restitue d'une façon plausible mais indocumentée l'usurpation de la femme ; ses intuitions et son instinct plus subtil, comme son charme et sa ruse, devaient réduire en servitude l'époux primitif ; mais sans doute elle ne s'arrêta pas assez tôt en cette voie, elle fit maladroitement ce que l'on voit aujourd'hui, en Occident, et que signifierait seul un mot d'argot qu'on n'appliquerait pas à Bucéphale : l'homme primitif pouvait-il ce que le civilisé ne réussit pas à produire : et tout le long de l'histoire voit-on autre chose que l'homme brutal ou la femme perverse, destinée par sa nature à être vaincue ou tyranne, ou mégère ou dupe ? la contemporaine est encore la même, aveugle, quand le vertige la pousse, astucieuse, dès que l'intérêt la contraint.

Le mariage, nul ne l'explique en sa véritable essence; et nul ne le pratique : de là son innefficacité. Les trois attributs qu'on lui donne, religieusement : génération, remède à la concupiscence, et protection, n'indiquent pas l'intime et vraie pratique.

L'homme est l'être intellectuel-positif, animique-*passif* et physique absorbant.

La femme est l'être intellectuel-passif, animique-*actif* et physique rayonnant.

Le mariage est donc l'acte durable qui unit un intellectuel-positif à un intellectuel-passif; un animique-passif à un animique-actif; et un physique absorbant à un physique rayonnant. Autrement : la femme est destinée au rôle de reflet intellectuel, l'homme au rôle de reflet animique ; la femme irradie la sexualité et l'homme la reçoit.

Malgré leur aridité, ces formules sont importantes : la femme a besoin d'être fière de son homme, à titre quelconque, d'intelligence ou de courage, il faut qu'elle admire pour aimer : elle veut du prestige dans l'être de son choix, et le succès des officiers de marine qui, simples enseignes, l'emportent sur les majors cuirassiers, procède du prestige des lointains voyages, de périls occupants pour l'imagination. Au contraire, l'homme accepte dans l'amour la loi nerveuse de sa compagne, lubrique si elle est lubrique, réservé si elle est lymphatique : l'intimité des passions est toujours l'œuvre de la femme, car l'homme, devant satisfaire au désir qu'on lui exprime, a trop d'amour-propre en jeu, pour imposer son mode d'aimer. Enfin, physiquement, ou plutôt dynamiquement, la femme sait parfaitement sa puissance d'accumulateur nerveux : et il faut n'avoir jamais observé une mondaine dans les bals, pour ignorer son effort de rayonnement qui vise tout le monde, sans exception. La femme a un goût si prononcé pour le suffrage universel, que par habitude, sans s'en rendre compte, elle envoie du désir au cocher du vulgaire fiacre, au voyou qui ouvre la portière, au contrôleur du théâtre, et flattée, flattée jusqu'à l'avouer, si le désir s'allume en leurs yeux. La coquetterie de la femme est aggressive, elle provoque sans désir, parce que cela lui devient aussi ordinaire et habituel que de respirer. Que reste-t-il pour le mari et l'amant ? la matière ; et dans l'esprit du mari et de l'amant ? la matière également.

Au lieu de concentrer sa grâce sur l'homme

aimé, elle veut être à la fois aimé par un, et désiré par tous, despotique et démagogique en même temps : de là est venue la polygamie. Seulement là, où la femme se contentait de la polyandrie spéculative, l'homme a répliqué par l'infidélité matérielle : chacun s'enfonça dans son erreur entêtée, et l'adultère unique, durable, devint, chose étonnante, une idéalité.

Quelles que soient les formules vaudevillesques, si les hommes n'étaient pas des cerveaux matricules incapables de vie lucide, après avoir déploré leur malheur, ne devraient-ils pas préférer que leur femme eut une passion cachée, que de la voir, sous leurs yeux, à leur bras, œillader, se trémousser, écouter et parler en n'importe quelle compagnie, comme des filles poussées par leur terme en souffrance. Quand j'ai écrit le livre de la fée, envisageant l'incorrigibilité de la mondaine, j'ai tenté de diriger, de canaliser, une perversité irréductible; et comme aucune morale n'eut été entendue, j'ai parlé selon l'esthétique. Aujourd'hui je démêle les lois sociales, placé au point de vue de l'homme d'Etat, j'indique l'essence des choses, et non la thérapeutique d'un cas. La vertu est sans grâce, et la grâce sans vertu : tel le bilan féminin à travers les âges. La seule nécessité unit la première femme au premier homme; la seule volupté fit plus tard l'homme aimé. Car, l'illusion serait trop grossière, et il n'y a pas de demi vérité, être aimé restera la seule façon de commander dans le mariage.

On a voulu voir dans le mariage un acte seulement social : certes pour ses conséquences; mais en soi, le mariage n'est que la forme socialisée de l'amour : il consiste dans la co-existence. Armand Hayem dans son étude sur la matière rapporte que dans le département de la Seine on compte sep fois plus d'enfants naturels que dans les campagnes : cela provient d'un sens familial amoindri et de la débauche systématique.

La monogamie est la condition même de la société, et nous n'en devons l'exemple ni aux hébreux, ni aux Germains; les races qui continuent la polygamie sont des rebuts humains, tels les arabes et les ottomans.

Il faut une part d'initiative et le sentiment de sa valeur pour qu'un être arrive à son développement, et quelles que soient devenues les femmes latines, ce sont des femmes, tandis que les ottomanes n'en sont point.

Le mariage sera toujours le commun désir de deux amants véritables et le monogénisme la seule solution souhaitée, par l'homme même. Seulement il veut trouver unie dans l'épouse une matrone d'extériorité, hétaïre d'intérieur : cela n'est pas impossible, mais il faudrait élever les hommes et les femmes bien autrement qu'on ne fait. De même l'époux qui ne sait pas être amant, n'obtiendra pas plus d'efforts qu'il ne s'en impose. Quel ouvrage, dira-t-on, que de soins absorbants ! Sans doute, mais les mécomptes ordinaires ne sont-ils pas plus absorbants encore ! Ce qui manque généralement dans l'union, c'est la bonne volonté ; un conflit d'intérêts a lieu, en place d'une communion véritable. Chacun attaque et se défend, c'est un duel où l'homme sera toujours vaincu, s'il n'est aimé. Il y a des femmes malheureuses mais il n'y a pas de femmes asservies. Le jeu des détails, qu'aucun homme ne voit, permet toujours à la femme sa revanche, et du reste, quelle que soit la victoire, il y a toujours deux ennuis et double détresse.

Au point d'évolution intellectuelle où nous sommes, on ne recommence pas les observations, on ne change plus la méthode, tout l'art du penseur réside à combler des lacunes. Eh bien, dans nos mœurs comme dans l'enseignement religieux, le mariage n'est pas assez considéré dans son essence de triple complémentarisme.

Fiancé d'aujourd'hui, époux de demain, quel reflet vas-tu projeter sur l'imagination de ta femme, et toi femme, quel mirage penses-tu produire au cœur de ton époux ? Nul ne s'est posé ces questions ; et se les posât-il, qui les résoudrait ?

« Le fameux progrès, comme l'a dit Armand Hayem, s'accuse dans une diminution générale de tempérament.

« L'humanité semble vivre à une température plus basse, comme le globe qu'elle habite se refroidit, de siècle en siècle ! Il n'y a peut-être de repos dans ce monde qu'à ce prix. »

Mais ce repos ne supprime pas le désir d'une meilleure activité, et c'est la névrose qui venge la Norme morale méconnue.

ARCANES
DE
SIN OU DE LA CROISSANCE

XXVIII

La sexualité a été le commencement de la sensibilité : l'amour, le commencement de la civilisation : le mariage, le commencement de la société.

XXIX

L'homme est l'être intellectuel-positif, animique-passif et physique-absorbant. La femme est l'être intellectuel-passif, animique-actif et physique-rayonnant.

XXX

L'amour est donc cet auguste mystère qui unit, intellectuellement, le positif au passif ; animiquement, le passif à l'actif ; physiquement, l'absorbant au rayonnant.

XXXI

La femme reflète la pensée de l'homme et l'homme reflète l'âme de la femme.

XXXII

La polyandrie spéculative a reçu le nom de coquetterie, galanterie et flirt : c'est la prostitution permanente de la mondaine, au désir, sans actes.

La femme adultère est moins déchue que la coquette qui vise toute braguette, même pour n'en pas user. La femme est, nativement, polyandre de goût et d'âme.

L'homme est polygame, physiquement, et monogame, animiquement.

XXXIII

Le mariage est la forme sociale de l'amour, et la monogamie le sine qua non *de la civilisation.*

III

L'ENFANT

La race humaine, au lieu de naître dans l'harmonie des forces naturelles, sera perpétuée par la vertu de ton corps précieux. Pandore, interroge tes flancs : un mystère s'y élabore ! Pandore, écoute dans ta pâmoison, ces jeunes cris ; Pandore, regarde l'être jailli de toi : maintenant tu t'appelles la mère ! Penche-toi sur ce berceau d'osier, vois ces langes. Etre sacré, être divin, source de l'homme... O toi qu'attendaient les mortels, nouvelle Hera, viens créer l'homme une seconde fois !...

PROMÉTHÉE, trilogie d'Eschyle,
restituée par le *Sar Péladan* et n'ayant pu obtenir lecture à la Comédie Française.

III

L'ENFANT

Engendrer un être semblable à soi, me semble le plus formidable mystère, la fonction la plus solennelle de la vie ; et après l'œuvre de l'esprit, l'enfantement de l'art, la découverte des lois scientifiques, rien n'est plus fait pour nous enorgueillir que cette faculté de donner l'être à un nouveau et second soi-même. Vainement, pour réduire cet étonnant phénomène, on montrera le végétal et toute l'animalité mêmement douée de la force reproductrice, il faut de l'irréflexion pour ne pas s'étonner.

La sottise fleurit si naturellement en l'esprit de l'homme, que ni son œil ni son entendement ne s'impressionnent des phénomènes normaux : son admiration salue seulement le monstre et l'anormal. Une table qui remue sous l'influx dynamique des mains, et voilà une moitié de l'humanité qui s'exclame; et le mystère de la naissance cesse d'être un mystère parce qu'il est fréquent et que l'homme ne s'applique jamais que par surprise et badauderie, au lieu de s'estomirer aux vraies merveilles qui sont la régularité et la coutume phénoménales.

Faire un enfant paraît matière si simple, qu'on le fait sans y penser, sans le vouloir, sans préparations, au hasard du rut, et selon la chaleur du lit.

La médecine pas plus que la religion ne se souviennent des antiques sagesses; elles ordonnaient de ne jamais mêler la concupiscence et même l'amour à l'acte sacerdotal de la procréation.

Je ne crains pas ici d'incriminer tous les confesseurs, dont j'ai eu à rectifier les propos : sous prétexte que le devoir du mariage est d'engendrer, ils défendent qu'on distingue jamais le remède à la concupiscence, de l'acte procréateur ; et obligent ainsi à s'en remettre au hasard des sens, pour faire des chrétiens, des êtres à l'image des anges. Je pourrais citer tel curé d'une ville de Bretagne, refusant l'absolution, malgré que le médecin eût déclaré, comme danger mortel, toute nouvelle grossesse.

Bonaparte ordonna au clergé de pousser les

ouailles à lui fabriquer de la chair à canon : et le clergé cria « croissez et multipliez » d'après la Genèse telle qu'il l'entend, alors qu'il y a dans le texte « croissez en tant qu'individus et multipliez vos perceptions sensibles », littéralement « accomplissez-vous. »

Le mariage est la reconstitution de l'androgyne, archétype humain, sur les trois plans physique, moral et intellectuel.

Lorsque l'époux n'engendre pas selon l'esprit, il doit engendrer selon le corps. Il ne le doit cependant que dans la proportion où il peut élever, au moins, selon son propre rang.

L'acte de la fécondation diffère totalement de la copulation, comme une prière diffère d'une parole vaine. Les époux doivent se préparer au moins pendant vingt et un jours : fixer à l'avance le quart d'heure du jour (il ne faut pas engendrer de nuit), mais plutôt à midi.

Pendant les vingt et un jours de préparation, il faut passer les sept premiers à se purifier, par les sacrements et les exercices religieux, et une netteté de corps et de vêtements absolus ; s'il est possible par une suspension des affaires et du commerce mondain. Ceux qui peuvent s'isoler en une sorte de retraite, feront mieux encore.

Le second septénaire sera occupé aux œuvres

de sérénité ; contemplation des moulages grecs ou leur reproduction photographique, lecture de logique, auditions de Sébastien Bach, égalité d'humeur et beaucoup de sommeil.

Le quinzième jour commencera une période excitative, Beethoven remplacera Bach ; les œuvres de l'art chrétien succèdent à l'art grec ; on lira l'*Evangile*, le *Baghavat*, le *Songe de Scipion*.

Enfin le vingt et unième jour, les époux ne s'étant pas vus depuis l'aube, le lit conjugal sera solennisé en manière d'autel, l'homme y viendra comme prêtre et la femme s'y offrira comme victime : ainsi sera procréé un être certainement valable.

Nous ne savons pas grand'chose des initiations grecques et de ces fêtes de la nature, où on enseignait peut-être l'art d'engendrer, l'art d'élever, l'art d'aimer et l'art de mourir, qui tous quatre sont perdus. Mais du moins nous n'ignorons pas que le grec ne mêlait pas sa luxure à sa famille, et que l'épouse était une prêtresse et non pas une amante.

La femme moderne ne s'accommoderait pas de ce rôle si digne qu'il soit ; et du reste, si nos femmes du monde sont plus banales que les hétaïres, nos hétaïres, elles, sont presque des bêtes.

Engendrer sacerdotalement, sans jamais mêler

le procréateur et l'époux, la mère et la femme, mettre la plus grande différence entre l'amour et la reproduction, ne représentent qu'une moitié du devoir.

Quand l'enfant est né, il faut prendre garde que la nourrice ne transmette avec son lait un peu de son âme, et il ne suffit pas qu'elle soit saine, il faut qu'elle soit psychologiquement choisie. L'initié qui traverse le Parc-Monceau ou les Champs-Elysées ne peut s'empêcher de rire, en voyant comme la Providence prive les riches du véritable usage de leur or, à l'aspect de ces brutes têtonnières à grands rubans.

A la cour de Russie, d'Autriche, d'Allemagne, est-ce que le médecin en titre a pensé à la nature morale de la nourrice? et l'initié sourit encore en voyant l'ignorance des grands.

Aristote fixe l'âge du mariage à dix-huit ans pour les femmes et à trente-sept pour les hommes et il ajoute que le nombre des naissances doit être toujours limité : mais le Stagirite, avec une logique implacable, envisageant toujours Athènes ou la cité grecque, voit dans l'enfant le citoyen ; peut-être à Athènes aurions-nous ainsi pensé. En France, comme les fonctions publiques ne sont pas honorées, et que les corvées ne sauraient servir à sauver une décadence aussi prononcée, l'enfant appartient à ceux qui l'ont engendré et non à l'État, à moins que le père ne vive aux crochets gouvernementaux.

L'enseignement public en France ne vaut rien, et du reste, au septième chapitre, nous montrerons quelle conception doit être préférée à celle de Patrie.

Faire un enfant, surtout sans y penser, le faire par hasard, est déjà l'acte des brutes et celui de tout le monde.

On a donné la vie, sans soin ; il faut élever celui qu'on a créé. Ici commence pour les parents une fonction aussi auguste qu'aucune hiérophanie ; ils vont ouvrir le livre de la vie à cet être qui n'est encore qu'un malheureux petit animal : si le couvage de la mère a sa raison, le rôle paternel diffère, il doit prévoir et vouloir pour le jeune être encore instinctif, et si prévoir dépasse son entendement, il doit vouloir ce qui lui semble le souverain bien. D'abord éveiller chez le jeune être le respect de l'animal ; ce sont les bourreaux de mouches et de chats et chiens, les dénicheurs d'oiseaux, qui font plus tard les féroces soldats.

A l'être qui entre dans la vie, enseignez d'abord le respect de la vie. Les confesseurs sont parfois effrayés de découvrir dans des âmes régulières et honnêtes des abîmes, que l'éducation a comblés, des volcans qu'elle a couverts d'une cendre bienfaisante. On conçoit telles conditions ou le vice s'apaise, d'autres où une excellente vertu se dément : l'être humain manifeste ses penchants, suivant l'occasion. Certes, on ne change pas la nature d'un être, mais on sollicite telle ou telle tendance et tout l'art de la psychopathie réside là.

Quel sentiment plus instinctif que l'amour maternel. Cependant parmi les millions de mères mises en deuil par Bonaparte, pas une n'a eu le courage ni le couteau de Charlotte Corday, poussée par la seule lecture de Plutarque. Entre Marat et Napoléon, il n'y a qu'une différence plastique : les quinze millions de cadavres du Bonaparte n'ont pas suscité une vengeance, le thug colossal est mort tranquille physiquement, et il a pu encore nous empester du Mémorial de Saint-Hélène.

L'opinion remplace chez le civilisé, l'instinct. Une fois qu'il fut admis qu'on devait mourir, dix personnes se laissèrent souvent arrêter par trois sicaires, sous la Terreur.

Une mère a-t-elle jamais redemandé son enfant au conseil de guerre qui l'a tué parce qu'il avait dit « Ramollot » à Ramollot. Quelle est donc cette force qui paralyse jusqu'aux entrailles et qui cependant ne pourrait rien sur l'auteur de ce livre, par exemple, cette force d'adhésion animique d'un peuple, d'une époque, et d'un pareil courant que seule l'intellectualité peut la couper ?

S'il n'a pas été conçu ni procréé dans les conditions favorables pour lui, l'enfant n'appartient pas aux parents, par cela seul qu'il leur est né : mais seulement parce qu'ils l'élèvent.

Les moines, les jésuites surtout peuvent faire une éducation ; l'université ne produit que des bacheliers.

Rien n'égale la brutalité du lycéen, sinon l'indifférence du maître. L'éducation se fait avec le cœur, et le cœur ne peut ni se louer ni se vendre. Avoir remplacé ces saintes filles qui se dévouent pour prix du ciel, et leur substituer des infirmières à cinq francs par jour, cela remet en l'esprit cette rage du Dante (*convito* VI). « On voudrait répondre, non avec des paroles, mais avec le couteau, à une pareille marque de brutalité. »

La meilleure définition de la vertu est, ce semble, une habitude du bien ; et le goût, une habitude du Beau : or, les habitudes morales sont les points essentiels de l'éducation.

Supposez un instant que l'image de l'enfant soit toujours le chef-d'œuvre, au lieu de niaises illustrations ; il aura en mémoire et familiarité la perfection même.

Dès qu'il sait lire, au lieu des imbécilités de Jules Verne, qu'on lui donne l'Iliade et l'Odyssée, bien illustrées. Les écrivains pour enfants, les dessinateurs pour enfants, les libraires pour enfants sont des malfaiteurs.

Quels crétins ont élaboré la *Bibliothèque rose !* Sans cesse, ces productions mettent en contact avec les plus bêtes et les plus vides des hommes, les pionniers, les chasseurs, et tous ceux que la tarentule du mouvement physique empêche de penser.

L'enfant ne doit connaître que la perfection en toute chose : il importe peu qu'il comprenne, pourvu qu'il prenne l'habitude du beau et du noble. Personne n'est ainsi élevé ; mais on peut présumer les fruits d'une semblable ascèse : le jeune homme de quinze ans qui aurait subi une pareille diététique de l'esprit ne pourrait pas écouter un vaudeville : jamais le médiocre et le bas ne l'enliseraient.

N'est-il pas douloureux de voir des marmots marchant à peine, vêtus en soldats, jouant aux soldats. Il y a, de par le monde, un ordre religieux, les Augustins de l'Assomption, qui traitent d'impie le musée Guimet, mais qui trouvaient, pendant un temps, très Évangélique de forcer aux récréations tous les élèves à faire l'exercice : Bonaparte les eut décorés, ces moines caporaux.

Quoique mon dessein ait été d'abord de donner un traité de politique sans application actuelle, je m'aperçois que je cède à l'utilité, et mon devoir ne permet pas de rendre stérile le principe possiblement améliorateur.

Il s'agit moins de plaire à quelques-uns que de servir à plusieurs : une œuvre porte toujours son millésime, glorieux ou infamant ; et l'époque est infâme, voilà pourquoi au lieu de dire aux père et à la mère, « fais un citoyen, » je lui dis seulement « fais un homme, dans le sens de bonté et de pensée, et sois sûr qu'il sera ta consolation. »

L'homme appartient à la société dans le sens strict de son activité propre.

Si l'État me demandait d'enseigner ce que je sais, je devrais le faire sans aucun profit.

Nul ne peut se soustraire au devoir social, il est physique pour les êtres inférieurs ; animique pour les intermédiaires, intellectuel pour les supérieurs. Mais lorsque l'État me désigne en cas de mobilisation pour conduire des charrettes de réquisition, je souris ; et je souhaite assez de renommée pour aider au déshonneur de mon temps.

Lorsqu'il y a antinomie entre la justice et l'État, c'est la justice qu'il faut suivre.

Or, si l'État est fol, en sa constitution, en ses hommes et ses œuvres, le meilleur des citoyens est celui-ci qui s'écarte des affaires et enseigne à quelques-uns la vérité méconnue de tous.

Le caractère de la vérité étant la détestation des violences, ce qu'on a appelé la propagande par le fait, ne vaut pas plus que des agissements militaires. Une idée s'incarne dans les mœurs, mais si elle les saccage, ne cherchez pas d'autre preuve : elle est fausse.

Il faut donc cultiver chez l'enfant la pacificité et la douceur. On a vu des hommes sans instruction, présenter des vertus et des mérites ; non pas sans éducation : et la famille seule la donne.

Toutes les théories qui livrent l'enfant à l'État, respirent le socratisme, c'est-à-dire le communisme, la plus misérable des doctrines : elle ne formerait que des soldats ; et les soldats représentent dans la civilisation, cette part de la Barbarie que la Société ne peut cesser.

Au reste, quel conflit déplorable élèverait aujourd'hui l'éducation nationale entre la volonté du père et la maréchaussée ? ce serait la révocation de l'édit de Nantes colossalisée. L'enseignement national nie la liberté de conscience : aujourd'hui il serait athéistique ; et tous ceux qui croient, devraient quitter ce triste pays, chassés par l'inquisition d'État. Elle n'est point morte, ni abolie, elle demeure affective, elle écarte tout catholique des bénéfices sociaux, ne leur laissant que les charges.

La tolérance n'habite pas l'âme humaine : voilà pourquoi il vaut mieux une impériosité du bien qu'un despotisme pervers.

ARCANES
DE
ISTAR OU DE LA NUTRITION

XXXIV

Il ne faut jamais mêler la concupiscence et même l'amour, à l'acte strictement sacerdotal de la procréation.

XXXV

Celui qui crée selon l'esprit, ne doit pas engendrer selon le corps.

Nul ne doit engendrer que dans la proportion où il peut élever. Ni l'État, ni l'Église, ni l'Humanité, n'ont besoin de bêtes humaines, mais bien de nobles êtres, de purs chrétiens et de hauts génies.

XXXVI

L'époux ne doit jamais féconder sa femme sans s'y être préparée et sans l'y avoir préparée : sous le triple rapport physique, animique et intellectuel.

L'enfant n'est une conséquence du coït, que pour les

brutes; chez le civilisé, la naissance doit être voulue, préparée, sacerdotalisée.

XXXVII

La paternité et la maternité sont des fonctions religieuses et psychopathiques.

La vertu étant définie, une habitude du bien, l'éducation se résume dans le choix des habitudes à donner.

XXXVIII

L'enfant ne doit regarder et lire que des chefs-d'œuvre. Ses yeux ne doivent jamais être familiarisés avec les brutaux et les soldatesques.

XXXIX

L'enfant appartient aux parents et non à l'État ; mais il y a un devoir social à déterminer.

XL

Le devoir est physique pour les inférieurs, métaphysique pour les supérieurs.

Quant aux génies, ils ne doivent rien que leur silence, s'ils n'approuvent pas l'œuvre de leur pays.

IV

LA FAMILLE

La terre, inculte, sauvage, repoussante, a disparu, une sorte d'Olympe lui succède.

Au lieu de l'éphémère, ce brutal effrayé, je contemple une race nouvelle, qui ressemble aux daïmons, moins l'immortalité.

. . . .

Devant la flamme, ils se rient de l'hiver avec la torche, ils défient les ténèbres, et l'argile s'élève en murailles, en maisons.

PROMÉTHÉE, trilogie d'*Eschyle*,
restituée par le *Sar Peladan*, n'ayant pu obtenir
lecture à la Comédie Française

IV

LA FAMILLE

Où rechercher le Norme politique, sinon dans la famille, qui est le type social complet ? L'époux, l'épouse et l'enfant ne donnent-ils pas la triple formule ? intellectuelle, animique et physique de l'aristocratie, de la bourgeoisie et du peuple ? Les grands parents, à leur tour, ne forment-ils pas une sorte de sénat, de conseil des anciens ? Nous allons donc avoir quatre facteurs sociaux : le conseil des vieillards, le pouvoir des hommes, l'assentiment des femmes et l'évolution de l'enfant.

Mais la famille, base ' microcosme social, a vu, ces temps, des tours ennemies se dresser : le café, le cercle, le journal, le jeu, le sport, le lupanar et le café-concert, que j'ai déjà dits les sept têtes de l'imbécilité occidentale.

Le café ne devrait être fréquenté que par le voyageur ; outre son atmosphère méphitique il représente une école de vulgarité, d'idées fausses et de cynisme : non seulement il a pour annexes le journal et le jeu, mais de mémoire humaine, on n'y entendit jamais une noble parole. C'est de là que sortent les ratés et les avocats, les plus néfastes des êtres, ces hommes à phrases précédant les hommes à pique, comme, hélas, les missionnaires précèdent les bandits métropolitains [1].

Le cercle est toujours une maison de jeu, et en ce seul point, il diffère du café.

La lecture quotidienne du journal, cette relation intéressée ou sceptique des faits, éteint la notion morale, familiarise avec le crime, et cultive les désastreuses antinomies par quoi le cerveau latin bafouille à la suite de Kant.

Quant au lupanar, il ne correspond qu'au paria, au soldat et fait pendant à la caserne : l'homme destiné au mariage y perd la faculté d'aimer et d'être aimé.

Cette immoralité ne consiste pas dans l'illicité de la luxure, mais dans sa facilité ; l'homme ne pouvant subir aucun refus, se complaît dans une

---

[1] Comment on devient Mage, p. 57 et suiv.

brutalité qu'il n'aurait pas avec la prostituée libre ; il y contracte des habitudes lamentables qu'il implantera dans le mariage, pour le plus grand dam social.

Chez une noble nature, la pitié et l'horreur devraient être si fortes que ce lieu fut un lieu douloureux ; et quand on pense que des femmes riches, jeunes, belles, portant des noms historiques, mères de beaux enfants, se font conduire par plaisir dans ces endroits infernaux, et l'osent avouer dans l'intimité ! Le lupanar est entré dans les mœurs, si bien qu'à Alger, on mène des familles voir les prostituées, sous prétexte qu'elles sont arabes. Des provinciales distinguées, cultivées, dans un voyage à Paris, voudront aller dans une maison publique et le mari les accompagnera : de quel air ensuite, grand Dieu, pourront-ils se regarder ?

L'horreur du mal, du laid et du banal, est la moitié de la vertu. Nous l'avons définie, une habitude du bien : or dès l'instant où cette habitude est rompue, une accoutumance contradictoire se produit et l'être humain devient capable des dernières ignominies ; il faut vivre à l'état hérissé pour vivre proprement, à l'état rébarbatif pour repousser les promiscuités sales.

On ne nettoie pas la boue de l'âme comme

celle des bottes, et quand on revient au foyer, on y rapporte quelque chose de sa vie extérieure et il y a des syphilis du cœur.

Telle la famille moyenne, tel l'Etat. Il n'y a que deux chaires pour prêcher sur les mœurs, l'église et le théâtre.

L'Eglise a ses sacrements et ses pompes, à défaut d'éloquence ; mais le théâtre qu'a-t-il ? En trois ans, on a vu s'ouvrir et prospérer une dizaine de marchés prostitutionnels, et le café concert a pénétré dans les bourgs de onze cents âmes : parallèment, combien de femmes qui se croient honnêtes sont allé entendre les Yvette Guilbert !

Or, on le peut constater à Paris, chaque fois qu'Antigone ou Œdipe paraît sur l'affiche, la salle est comble ; mais ce n'est pas l'intérêt de M. Claretie, auteur des « Muscadins, » et du « train 47, » ni de MM. Dumas et Pailleron, que le public s'habitue aux sublimités. Le rire malsain pour l'âme aide à la digestion ; les larmes seulement sont moralisatrices et tout théâtre qui rit est néfaste et vulgaire : car si on rit au *Tartufe*, c'est qu'il est mal joué.

A l'époque où Pasdeloup osait la chevauchée des Walkyries, au milieu d'un tonnerre de huées, Paris avait des oreilles d'âne, Paris ignorait la musique ; aujourd'hui, trois concerts par dimanche, de Beethoven, de Wagner, de Berlioz, ne suffisent pas au parisien musicalement régénéré. Au lieu de reconstruire un Opéra Comique pour le *Postillon de Lonjumeau* ou la *Dame Blanche*, ne devrait-on pas dresser un théâtre antique, à l'instar d'Orange, avec pour seul répertoire : Eschyle et Sophocle, Euripide et Racine.

Mais ici survient le même sentiment de conservation qui anime M. Claretie, syndic des auteurs médiocres ; le gouvernement a peur des grands sentiments : l'âme publique, soulevée par le souffle des génies, mépriserait trop ses gérants.

Ainsi la pire rencontre n'est pas le vice des citoyens, mais le vice d'État.

Napoléon III, marié à une déplorable créature, applaudissait Thérésa, autorisait *Orphée aux enfers* : les Dieux d'Ionie ont été vengés à Sedan.

La famille est encore la religion même de la race jaune, la plus rationaliste qui ait été ; les Védas nous montrent, avec une admirable solennité, la célébration du culte des morts qu'on retrouve dans les Génies étrusques et les Pénates romaines. « Ne sommes-nous pas obligés de convenir que le caractère et les mœurs d'un État sont dans chacun des citoyens et que c'est de l'individu qu'ils ont passé dans l'État ?» Mais, à son tour, l'État doit user de mesures préventives qui aideront l'individu à conserver ses mœurs. J. de Bunsen a réduit à douze conclusions la doctrine du *Timée* et de la République.

La distinction entre le permanent identique et le variable renaissant : le premier, seul élément de certitude.

Tout ce qui naît est *causé*, tel l'univers, ce variable renaissant.

La cause est le Bien absolu, la Pronoia, Providence.

Le divin ou le bien dans le monde visible, c'est l'ordre.

Le temps est une image variable-renaissante de l'éternité permanente et identique.

Le cosmos, l'État et la morale ont les mêmes lois : et en cela Aristote opine avec Platon.

Le Stagirite a développé le rôle de la réalité.

L'entéléchie est pour lui le but de l'énergie.

Ces beaux génies basant leur doctrine sur l'observation de l'homme et de la nature ne permettent pas de beaucoup s'égarer ; mais qui donc, parmi les gens du Palais Bourbon, a étudié Platon et Aristote ? Ce dernier a conclu d'une façon admirablement claire : le bien consiste dans l'intention de coopérer à la loi totale parce que cette loi est le bien, le bien la cause, et la cause le parfait ou Dieu ; et encore :

« Ce n'est pas l'accord fortuit avec la raison qui constitue la vertu, mais l'accord réfléchi : on ne saurait être bon sans raison, ni raisonnable sans vertu ».

Le tort aristotélique fut de supposer la généralité humaine capable de philosophie ; or, l'évidence animique convient seule à tous, et ne peut être produite que par la religion.

Si un peuple a pu se croire le héraut de l'humanité, assurément, c'est l'Hellène ; mais si légitime que soit cette conception à côté de la grotesque infatuation de l'Angleterre, par exemple, elle n'est pas moins erronée, et le patriotisme, source d'idées fausses et passionnées, empêchera toujours l'essor des idées. Certes, quel barbare n'applaudirait au discours que Thucydide met dans la bouche de Périclès prononçant l'apologie d'Athènes ? Mais ni l'écrivain, ni l'homme d'Etat ne voyaient l'humanité dans son ensemble synthétique, il voyait un groupe de familles admirables : car Athènes n'a été que cela ; quelques milliers de familles incomparables. Du Foyer est sorti cette Panathénée de grands hommes et d'œuvres archétypes.

L'existence patriarcale des Aryas, comme des

Hébreux et avant eux, la vie pastorale de la Basse Kaldée, nous montrent que le pouvoir social a commencé aux mains de l'époux. Les tribus Peaux-Rouges, par exemple, avaient un conseil des Anciens composé des grands-pères : dès que plusieurs familles se sont groupées, le plus fort parmi les jeunes hommes, l'Herman, toujours a dû tenir compte de l'expérience des vieillards. Primitivement, l'ancien savait incomparablement plus que ses fils et ses petits-fils, et ses obversations formaient le premier patrimoine rationnel de l'humanité. Eh quelle autre voix écoutera l'être primitif sinon celle de l'aïeul ?

Regardons au miroir de la féodalité ce que valaient moralement les preux et les barons chrétiens : le respect du supérieur ou vassalité, le dévouement au frère d'armes, et c'est toute leur effectivité ; ce sont des bêtes féroces ayant deux ou trois points d'honneur, en manière d'instinct. L'histoire des quatre fils Aymon, comme les chroniques de Froissard, montrent la détente formidable de ces rudimentaires ; le sentiment et l'acte se confondent par leur simultanéité, la colère passe comme un éclair de leur cœur à leur main, ils tuent devant même que d'avoir menacé ; et j'ai toujours cru que les Pierre l'Hermite, les Bernard et tous les moines incitateurs des croisades, étaient moins des mystiques rêvant la délivrance du tombeau sacré, que des hommes d'État charitables, exportant, sous un prétexte de foi, toute la baronnie française, comme des convicts de la vraie civilisation. Pour que le monde moderne s'élaborât, il fallait le délivrer de la pesée effroyable de ces sangliers féodaux propres seulement à férir des Mahométans. Les croisades ont sauvé l'Occident non pas seulement de l'Islam, mais du baron, le monstre très chrétien.

Au même ordre d'idées, s'expliquent ces innombrables abbayes et chapelles fondées en expiation du meurtre par le féodal : les repentirs de ces violents étaient proportionnés à leur fougueuses passions et le prêtre tirait de cette basse humanité ce qu'elle contenait, avec un grand art et un parfait esprit de charité.

Barbey d'Aurevilly, qui laissait sa chatte dormir sur sa poitrine et renverser ses encres de couleur vantait la force physique, le corsaire Monbart, et avait en son armoire une histoire des Flibustiers ; simple antinomie entre l'inaction et le désir d'agir. Je cite celui-là parce qu'il possédait les caractères de la race, du fait et de la prouesse, écrits dans sa *tête à casque* : mais de même que les gens du monde seuls se plaisent aux peintures de la canaille, les lymphathiques décadents apothéosent la qualité qui leur manque le plus : la force.

Inutilement, on refuserait de s'avouer que la civilisation comporte une diminution de virtualité. Cellini eut poignardé pour une critique trop éreintante.

La civilisation se forme des conquêtes de la raison sur l'individu au profit d'un collectif.

Est-ce-à dire que l'individu déchoit en se contraignant et que la société le prive de quelque potentialité valable ?

Il y a entre le civilisé et le barbare, la différence du théâtre de Racine à celui de Shakespeare.

Or, Phèdre, Monime, Bérénice, Hermione sont bien des femmes et passionnées, seulement elles ont des bienséances, parlent au lieu de s'exclamer; et n'exhalent leur âme qu'en un certain ordre qui est propre au civilisé. Taine a blâmé le personnage de Sévère, comme étant trop de la cour, et, les porte-paroles de Dumas fils ne sont-ils pas du boulevard, du boulevard de l'école Normale ? Il est vrai qu'ils parlent mal, et c'est une des conditions de la vérité, pour les auteurs paresseux.

La famille s'appelle la civilisatrice par excellence : en elle s'élabore la sensibilité, et tout l'avenir de l'homme dépend des habitudes morales.

Il n'y a pas un homme du monde qui ne soit

capable de viol quand il ne risque rien : les mieux nés, les plus honnêtes, ayant une femme entre quatre murs la violeront comme ferait un cosaque ; cependant, ils seraient incapables de voler, ce qui est infiniment moins grave : d'où vient cette différence casuistique ? De la famille où le père était coureur et la mère coquette.

L'État forme des citoyens, mais le citoyen n'est pas tout l'homme, c'est seulement l'être extérieur, officiel, présentant son côté brillant.

Entre l'homme public qui se présente devant la loi et l'homme privé, la différence est incessante. Féroce à la caserne, l'officier est doux dans son ménage, et la femme de militaire passe pour être heureuse et porter les culottes, et cela ne peut être autrement : l'homme qui se déterge sous forme disciplinaire, de sa brutalité et de son humeur, sur des semblables sans puissance de réplique, rentre chez lui souriant et la rate bienveillante. Au contraire, dans les professions exigeant de la contrainte, on trouve les maris acariâtres.

Tel l'individu sort de la famille, tel il demeure en essence : la vie ne lui donnera plus que des impressions pratiques et restrictives, il dissimulera ses vices ; mais il les gardera tous. La famille est donc la seule forme éducatrice et rien ne la supplée.

Son rôle si absolu, à l'aube des sociétés, se continue à travers l'évolution civilisatrice.

Malheur à la mère qui ne profite pas sur ses enfants de l'admiration qu'elle doit leur inspirer et au père qui ne reste pas, pour son fils, le modèle des hommes. Il y a toujours des lacunes chez l'individu, quand son enfance n'a pas été édifiée, et s'il n'en est pas gâté, il en reste malheureux.

Le père est prêtre et la mère est prêtresse d'un ordre suréminent : la formule de camaraderie qui s'établit de nos jours des enfants à parents concomite avec la déchéance du principe d'autorité.

ARCANES
DE
NERGAL OU DE LA SÉCURITÉ

XLI

La société n'est que la famille agrandie. L'homme s'y appelle; aristocratie; la femme bourgeoise et l'enfant inconscient correspond au peuple, cet éternel mineur.

XLII

L'homme se doit conduire par science, expérience et raison; la femme doit être régentée par les mœurs et l'enfant jusqu'à dix ans par la mère, ensuite par le père.

XLIII

Il y a trois moyens de propagande morale: la religion, le livre et le théâtre.

XLIV

La civilisation se forme des conquêtes de l'idéal sur le fait, de la raison sur la passion, de la société sur l'individu, de l'humanité sur la patrie.

XLV

L'homme instinctif doit s'éteindre, l'homme animique se contraindre, pour l'avènement de l'homme véritable ou rationnel.

XLVI

La famille crée les mœurs et l'homme animique : et la loi n'obtiendra jamais plus que ne lui accorderont les mœurs, et la société ne sera que l'élargissement de la famille.

XLVII

Les États modernes sont basés sur des intérêts. De là, leur laideur : l'ingénieur est l'avatar du chevalier ; les croisades sont devenues des extensions commerciales. L'occidental s'est réduit à ne voir que lui-même comme horizon et il ne s'en lasse pas, ce qui le prouve incurable.

XLVIII

La morale ne reconquiert jamais les âmes qu'elle a perdues ; son reflux, une fois commencé, ne cesse plus.

V

LA CITÉ

De toutes les catégories où s'applique l'entendement, la politique est la plus sujette à s'avilir : dans ce domaine, tant vaut l'homme, tant vaut l'idée ; il n'y a aucun critérium, que le succès. En art, il ne s'obtient pas, hors des règles ; en action les principes à tout coup semblent démentis par les faits. Il n'est pas cependant possible que la biologie collective échappe à des lois nécessairement parallèles aux normes de la biologie individuelle. D'où viennent donc l'apparente déraison et l'immoralité du fait ? certainement de ses connexions que l'esprit perçoit rarement en leur ensemble. Ce qui rend grotesque le pouvoir républicain, c'est, autant que sa myopie qui le condamne à agir sur le présent, l'impression confuse de l'avenir.

L'homme d'État rationnel prend ses clartés d'une opération mentale qu'on pourrait appeler le recul théorique. Le Passé seul nous étant connu, il faut découvrir en lui la nécessité présente et les conséquences prochaines. Tout politique en arrivant au pouvoir se trouve à un point plus ou moins médian d'une parabole ; le point de départ seul lui laissera calculer le point d'arrivée.

LE DERNIER BOURBON
xiie roman de la DÉCADENCE LATINE

V

LA CITÉ

L'immédiat effet d'un groupement de famille, tribu ou cité, c'est la division des efforts suivant les facultés, et ce caractère restera la formule la plus précise de la civilisation, quoique nous ne la voyons pas appliquée exactement de nos jours, au grand dam de tous.

Chasse, pêche, bois à couper, cavernes à aménager, nourriture et défense, tout incombait à l'époux; la récolte des fruits, la confection de vêtements, comme la préparation de la nourriture, absorbait la femme.

Ni l'un ni l'autre n'avaient le loisir de réfléchir et de perfectionner leurs faibles moyens d'existence.

Dès que la tribu se constitua, les plus vigoureux veillèrent à la défense, les plus adroits se consacrèrent à la chasse ; en un mot, les besognes furent partagées et surtout mieux faites avec un peu plus de loisir, il y eut des heures de repos autour des grands feux, après le repas où la femme dit ses rêves parfois avertisseurs et l'homme ses observations : littéralement on causa, et l'homme le plus fort, de la seule force évidente à ce moment de l'humanité, se fit chef, et nul n'y contredit, car l'intérêt général commandait.

Les trois phases de l'homme primitif sont : le chasseur, le pasteur et l'agriculteur.

Le premier homme a chassé et ceux qui se prétendent les premiers hommes d'un pays chassent encore ; la ducaille et ses singes, les parvenus juifs, s'émulent à ce retour vers la sauvagerie. A vrai dire, la chasse est une ressource de pauvres gens ou de sauvages, et c'est risée de voir le président de la République, qui certes n'invitera jamais les autorités à la Passion de Bach, à la Neuvième ou à une récitation tragique, donner des chasses à l'instar des rois, ses prédécesseurs. Contraire au sentiment de la civilisation Aryenne, contradictoire à la culture de la sensibilité, la chasse est un reste de barbarie. On en trouvera la preuve dans le cynégétisme anglais : à la plupart des expéditions coloniales se joignent des disciples fervents de saint Hubert, que cela amuse *de tirer l'homme*.

Le pasteur a déjà fait un grand pas vers l'évolution ; quoique nomade encore, il passera des saisons entières au même endroit.

La charrue commence la tribu et prépare la cité, l'agriculteur n'est déjà plus un sauvage. Fixé par son champ, où il a mis son effort, il se construit une cabane plus durable que celle du pasteur qui sait son départ nécessaire à la prochaine saison : l'idée de propriété l'attache à son sol.

La propriété a été l'objet de nombreuses déraisons et Socrate tient la tête des erreurs. Non content d'avoir si mal senti la nature humaine qui ne s'attache à un objet qu'en le possédant, il a voulu les biens communs comme les femmes, sous prétexte d'obtenir l'unité dans la famille et dans l'État. Aristote demande, justement, quel serait alors l'avantage des laboureurs à supporter la domination des guerriers. Cette question se rallie à celle de l'égalité et aboutirait à la même injustice.

Dans tout collectif, il y a des paresseux et des laborieux, des actifs et des maladroits ; si le labeur et l'habileté n'ont aucun résultat, les méritants deviennent dupes.

La grande affaire de la cité n'est pas que tous

les citoyens aient quantitavement le même heur, mais qualitativement ce qui leur convient.

Le plus mince bibliothécariat sera préféré par l'intellectuel aux galons militaires, même étoilés et tel qui est né pour le négoce préférera y pâtir que suivre une autre activité.

L'art du législateur apparaît surtout dans la distribution des emplois.

Il est certain que toute justice est civile, et qu'aucun amiral, ni aucun général ne sera équitable envers le soldat, tandis qu'il se montrera débonnaire envers son collègue, l'officier. Fusille-t-on les officiers ? Jamais, et pas un jour ne se passe sans qu'un pauvre hoplite soit criblé de balles, pour avoir dit un mot de colère, à des vexations énormes.

La cité primitive a dû séparer totalement l'exécutif du législatif; il y aurait du reste plus de logique à faire bourreau le juge : il accomplirait la sentence qu'il aurait rendu, tandis que dans le code militaire et maritime, juge ; accusateur et bourreau sont le même. Ainsi le veut la discipline, dira-t-on ; mais alors pourquoi un code et un simulacre de jugements, quand il n'y a pas de justice réelle.

Il ne faut rien laisser à décider aux bras, et le guerrier n'est qu'un bras, sinon c'est pis et un très grand danger. On a voulu créer une entité morale pour le soldat, et politiquement cela n'était pas mal conçu ; mais il ne fallait pas, simultanément, ouvrir tant d'écoles, laisser parler et déparler tant de journaux, et surtout propager les *Pensées* de Pascal, où le plus obtus des recrutés découvrira la duperie patriotique.

« C'est dans les passions qu'il faut établir l'égalité plutôt que dans les fortunes et cette égalité ne peut être que le fruit de l'éducation. »

Sans cesse le Stagirite revient à la notion morale ; les plus équitables lois, le meilleur gouvernement restent impuissants, si les mœurs sont mauvaises.

Hippodamus de Milet, fils d'Euryphron, fut le premier à écrire sur la politique : il forma des quartiers dans la cité et coupa le Pirée en sections. Il ne voulait que dix mille citoyens dans sa ville et les partageait en trois castes, artisans, laboureurs et guerriers. Les terres se divisaient en : sacrées, publiques et particulières et ils ne connaissaient que trois actions judiciaires, l'injure, le dommage, le meurtre.

Il manque à ce programme l'élément sacerdotal et intellectuel : le premier des fonctionnaires c'est le prêtre, qui doit apposer le cachet du divin à tous les actes de la cité : je ne pense pas qu'il faille remettre le pouvoir entre ses mains, mais parmi les dignitaires de la civilisation il marche le premier, ayant la magistrature morale et l'entreprise des consciences.

Ce qu'on objectera de fréquentes indignités individuelles ne prouvera pas plus que l'incapacité de plusieurs, par rapport à la nécessité d'une fonction.

Quoi de plus épouvantable, qu'un juge prévaricateur ; mais aussi quoi de plus nécessaire que la justice !

Il n'est pas de fonction qui ne tourne à crime en des mains impures, ni de principe qui n'aboutisse à l'absurde ou à l'odieux, s'il est trop poussé. On rencontre des hommes qui conçoivent isolément une vérité partielle ; l'humanité a besoin d'esprits justes et équilibrés ; eux seuls valent comme égrégores, eux seuls améliorent l'état. Mais combien cette sagesse est rarement unie à la force ! Les passions seules soulèvent l'homme ; les indignes, les téméraires, les fanatiques, les intransigeants ont les honneurs de l'histoire, ils sont plastiques, pittoresques et conquièrent l'imagination : et cependant ils ne sont pas les grands.

Une idée abstraitement conçue est belle comme une vierge idéale, réalisée elle devient la mère, au corps fatigué.

Tant de gens ont écrit l'histoire, tant d'autres l'ont étudié qui n'y ont vu que de la géographie et des dates! Deux façons seulement existent, d'écrire l'histoire, ou celle des idées, ou celle des âmes : alors toutes ces batailles, ces traités, ces conquêtes et ces révolutions ne sont que des tableaux évocatifs et des extériorités. Évoquer l'âme ou l'idée d'une époque, si on en possède la littérature et l'art, n'offre pas de difficulté : mais que dire sur la première cité, et partant, de la première race évoluée et de son lieu? La Kaldée, d'après les plus récents travaux, serait une exode d'Égypte, et quant à l'Égypte, elle a son mystère dans l'Atlantide : l'Océan gardera toujours le secret du continent englouti.

Cependant, l'Égypte apparaît la doyenne des nations et dès lors, on trouvera peut-être un papyrus qui nous révèlera mille années qui nous échappent encore.

Continuant nos hypothèses sur les premiers efforts humains, le chef, l'Herman des nomades, chasseurs et pasteurs, perdit de son autorité le jour où on entoura d'une palissade un certain nombre de feux, le jour où des agriculteurs s'établirent sur leurs champs défrichés. Les vieillards, soit par leur incapacité physique, soit par leur expérience, devinrent, avec les femmes, les citadins, tandis que les hommes robustes veillaient pour la défense et s'adonnaient au labour. Malgré la distinction établie dans le nom grec, Xénophon fait dire à Cyrus : « nous n'admettons pas à l'exercice des armes ceux que nous destinons à labourer la terre et à nous payer tribut ; elles deviendraient dans leur main des instruments de liberté. »

Au moment où l'homme, en état de lutter contre la nature, eut domestiqué l'animal et semé les blés, et qu'il fut armé contre les bêtes et à l'abri des frimas et des disettes, alors un nouvel adversaire se présenta, semblable à lui ; un autre homme moins évolué et qui jugea plus simple de profiter du travail d'autrui : et la guerre commença. Elle n'a point cessé, et ne cessera jamais, à moins que le Saint Empire ne soit restauré, avec un mélange de fédéralisme et de communalisme. *Homo homini lupus.* La nécessité de repousser les voleurs, car la guerre, de nos jours même, n'est qu'un vol à mains très nombreuses et très armées, força les tribus à se réunir, à se grouper, et dès lors le conseil des vieillards perdit de sa puissance, les guerriers se choisirent un chef dans chaque tribu. Lorsque plusieurs chefs de tribus en élirent un au-dessus d'eux, l'autocratie fut fondé, non par choix et raisonnement,

mais par nécessité. Dans le péril, la multiplicité
et l'hésitation des avis est plus funeste qu'un avis
douteux : l'autocratie est le gouvernement guerrier, c'est-à-dire, barbare par excellence, des
Nimroud, des Sargon, des Toutmès et des Sinnakirib jusqu'aux Xercès, aux Cyrus, aux Alexandre, jusqu'à César et Buonaparte ; la guerre fut la
conséquence de la monarchie absolue : mais nous
verrons au chapitre de la monarchie, la différence qu'il y a entre un roi et un conquérant,
entre un monarque et un militaire, entre l'immonde Corse, l'incendiaire de Moscou, et Alexandre III, le czar de la paix, l'honneur insigne de sa
race et le dernier Sceptre tenu selon Dieu, en ce
siècle.

ARCANES

DE

NEBO OU DE RÉCUPÉRATION

XLIX

Les trois phases de l'homme primitif sont le chasseur, le pasteur et l'agriculteur : le troisième seul a cessé d'être un nomade.

La propriété a commencé par un troupeau, elle a continué par une récolte.

Ni l'arc, ni la crosse n'étaient des insignes de civilisation : le premier objet providentiel que l'homme ait manié a été la charrue.

L

Quiconque prêche la communauté des femmes, des enfants et des biens, mérite la même ciguë que Socrate.

Après la famille, la propriété est la condition sociale par excellence.

Toutefois quand elle excède la raison, il faut l'honorer d'une charge compensatrice. William Waldorf Astor, qui à 840 millions, devrait être nommé président honoraire des Etats-Unis, avec la charge de tous les hospices et tous les théâtres.

Les Rotschild devraient être nommés d'office grands amiraux honoraires et payer le budget de la flotte. Le lord, qui a un tiers de Londres, grand hospitalier de Bretagne, devrait être forcé à fournir la moitié du budget de guerre : en France, un Lebaudy, nommé protecteur des arts, payerait les frais de l'Opéra.

LI

A un certain degré, l'or n'est plus de l'or, c'est de la force cosmique immobilisée sans profit pour le possesseur : un homme qui prétend jouir de cinquante millions est un aliéné ou un ennemi du genre humain, ou mieux une chose nuisible : il faut qu'on le dégorge.

VI

LA NATION

Des folies humaines, le suffrage universel restera le moins explicable aux yeux des penseurs. Dans l'Inde, ce qui élevait un brahmane au-dessus des autres, c'était sa seule science, et si on eût dit à ces ancêtres de la Grèce qu'un jour viendrait où le Tchandala, le Soudra et le Paria seraient égaux dans la pesée des lois et du pouvoir, ils auraient refusé d'y croire. Cependant, si insensé que cela paraisse, Aristote et Platon, de nos jours, représenteraient deux bulletins de vote, dans les destins du pays, tout comme le cabaretier et son garçon de salle : et, conséquence fatale, le cabaretier et son garçon de salle, étant électeurs, sont éligibles. La députation menant au portefeuille et à la chefferie de l'État, tout le monde littéralement peut être ministre et président, en France.

Enfin, pour combler la mesure du crétinisme possible, le député, le ministre et le chef de l'Etat sont dispensés de toute instruction, de tout diplôme. Nul n'exerce la médecine, sans la garantie de longues études, de sérieux examens ; et même pour empoisonner le pays comme directeur des Tabacs, il faut être ingénieur. Pour faire des lois, point n'est besoin d'autre chose que ce génie propre à la brute humaine, sous le climat de France. Car, une telle déformation mentale apparaît en ce malheureux pays, que le dernier des idiots de village se croit des idées sur la politique. Le boulevardier ne prétend point à décider d'agriculture, ni le bourgeois à juger d'horlogerie ; mais tout le monde vaticine du sort de l'Etat, et d'une sorte tranchante. Logique conséquence : le député participe aux mêmes prodigieuses facultés que ses électeurs, et l'on a vu depuis vingt-cinq ans, le même élu du suffrage universel passer d'un portefeuille à l'autre et régir successivement l'intérieur ou la marine, les affaires étrangères ou la guerre, en véritable *Maître Jacques* du pouvoir. Inutile d'ajouter que leur ignorance étant absolue, ils n'étaient pas plus déplacés, dans un cas que dans l'autre.

LE DERNIER BOURBON
XIIe roman de l'éthopée LA DÉCADENCE LATINE

VI

LA NATION

Née de la multiplication des cités, la nation, d'abord, fut une race ; mais la conquête ayant paru en tout temps le droit du plus fort, la race se mêla par ses victoires : les mariages féodaux, les héritages royaux finirent par amalgamer des êtres extrêmement disparates.

Le voyageur parti de l'Ile de France, de la Champagne ou de la Picardie, trouvera au nord, les belges de Lille, a l'est, les Germains d'Alsace, à l'ouest les celtes Armoricains, au sud les Gascons, d'un côté, et les italiens Provençaux de l'autre, sans mentionner les basques qui sont des Finnois, et les populations saxonnes des côtes normandes. Ces gens n'ont rien de commun, ni le type, ni les mœurs, ni les aspirations. Au contraire, le Provençal peut aller jusqu'au bout de la

Péninsule sans sortir de sa race, l'Alsacien se retrouvera chez lui à Cologne ou à Munich.

Le comté de Nice n'est français que depuis 1859 comme la Haute-Savoie, par conséquent le niçois peut être commandé pour tirer sur ses parents italiens, ou bien un breton ira défendre la Corse et un corse le bord du Rhin.

Quelle fantastique folie ! et croire qu'on peut l'imposer aux gens de haute culture, quelle insanité plus grande encore !

La nation n'est pas seulement extensible tant qu'il y a une terre à la suite de la frontière ; les océans n'épouvantent pas la stupidité politique : l'Algérie, Madagascar, les Antilles, c'est encore la France, et le parisien s'appela-t-il Balzac se doit à la dysenterie coloniale. Chaque fois qu'il plaît à un général de faire flotter un morceau d'étoffe bleu, blanc et rouge, Leibnitz lui-même abandonnera son génie et même sa raison pour marcher au drapeau. L'inconséquence de l'État contemporain éclate en ces choses. Lacédémone, voulant non pas la civilisation mais la guerre, prenait les enfants en bas âge et les entraînait exclusivement aux rites meurtriers ; et comme il est dans la nature humaine d'épouser aisément les mauvaises coutumes, on obtenait de parfaits homicides ; aujourd'hui l'homme de pensée, de science et d'art, l'homme qui dans cinquante ans aura des statues, est tiré de son œuvre par la gendarmerie qui le jette au milieu de ces courroies de transmission formant la discipline militaire.

L'État a-t-il le droit de pratiquer, au profit collectif, les crimes qu'il punit sur le citoyen : l'État, cette entreprise de mœurs a-t-elle le droit d'être immorale : enfin un pays est-il pas scélérat, infâme et maudit, s'il commet des actes scélérats infâmes et dignes de malédiction ?

Devant le Décalogue, l'occident serait dix fois damné : en ruinant la notion de Dieu, les sans-culottes bourgeois n'ont pas vu qu'ils ôtaient toute dignité au pouvoir, le niant au-dessus d'eux. On peut prêcher l'athéisme et blasphémer, mais non pas mettre en doute l'honorabilité d'un ministre ; l'Université fait surtout un cours d'ingratitude envers l'Église et les moines qui ont littéralement fait le monde moderne, avec leur science et leur foi. Mais voici les deux crimes majeurs selon le Code, vol et meurtre : or les expéditions coloniales ne sont-elles pas des entreprises nationales de vol et de meurtre, en y ajoutant le viol ? Les métropoles envoient des bandes piller partout où elles peuvent.

On dit bien qu'on apporte la civilisation, mais à

qui le fera-t-on croire? Pour ne pas révéler les infamies récentes, je me contenterai de rappeler, qu'il y avait un million d'habitants à Haïti, quand Colomb y vint : quinze ans après on n'en comptait plus que soixante mille ; quelques années encore quinze mille seulement.

En France, par exemple, on parle des Chinois comme en parlerait un turco ou un zouave. J'ai vu, dans une opérette patriotique, la salle crouler de bravos, parce qu'un zouave arrivait en rampant surprendre un marabout disant son chapelet et le poignardait par derrière. La pièce s'était jouée cent cinquante fois, cent cinquante fois l'assassinat du marabout a enivré la salle, comme n'eussent pas fait les prouesses unies de Roland, de Renaud, d'Olivier, des quatre fils Aymon, d'Ogier et d'Amadis.

Notez que le marabout assassiné n'était pas un personnage odieux à quelque titre, il n'avait aucune part à l'action.

Comment s'étonner de cette infatuation des peuples qui leur fait oublier toute morale, quand l'occident en entier se croit non-seulement supérieur à l'Orient, mais à tous les siècles. Ici, se profile l'ignominieux rôle de l'Université : c'est elle qui négligeant de donner un enseignement historique honnête, laisse croire au jeune français, que hors de son territoire il n'y a que des Gentils. La France voit l'Orient sous l'aspect d'un marchand de dattes ou d'un pousse-pousse : ce mouvement a sa source dans la politique anglaise. Le saxon se considère comme un lion parmi les races dont il n'est pas même le léopard mais le vautour.

Les affreuses compétitions entre les castes qui désolent chaque nation se retrouvent augmentées de peuple à peuple.

L'étranger est moins qu'un chien pour l'esprit national, et comme cet inepte sentiment paraît aussi vif dans tous les pays, l'espèce humaine entière se méprise, se hait et se guette pour se tuer.

La frontière métamorphose, paraît-il, les hommes ; le provençal de Nice, méprise son frère l'italien de Vintimille : vainement, ils ont même type, même langage, ils n'ont pas même intérêt, et voilà toute la ridicule histoire.

Tout est permis pour sa nation contre une autre : l'espion français fusillé à Berlin sera un héros à Paris : quelle morale que celle des latitudes ! La nation, ce monstre d'immoralité, se permet tous les crimes : son profit vaut un droit divin : le scélérat agissant pour le pays devient un sublime personnage. Enfin la nation bafoue le droit des gens, l'humanité, et redevient barbare à force de nier que la loi morale oblige à quelque chose envers les hommes situés souvent au-delà d'un ruisseau ou d'une borne.

Y aurait-il une infatuation ridicule et sincère à la fois ? Non, ces peuples en armes ne défendent que des appointements, et des vanités.

Il y a, en Russie, une unité d'aspiration sans analogue en Europe, cette force invincible du peuple jeune, en croissance, qui lui assure la prochaine hégémonie : mais le caractère russe, plus ingénu qu'aucun autre, n'a point de défense contre les poisons de la philosophie allemande. En cette nation qui n'a pas eu de théoriciens et de démagogues, les pires ferments de destruction ont apparu. L'épée n'atteint pas l'idée même monstrueuse ; et si le Czar est l'empereur inévitable du Saint Empire futur, le russe ne sera jamais le penseur de la civilisation : ou il obéit, ou bien il va à l'extrême de la révolte, mystique et pervers, jamais pondéré. Et cependant, hormis ce jeune peuple, tout est épuisé, en Occident.

Il y a, chez le latin, un espoir entêté de tirer quelque profit personnel de l'État : et Proudhon, esprit d'une autre envergure que tout ce qui lui a succédé, voulait rendre à l'individu la plus grande part d'initiative et d'autonomie : quand on relit les « contradictions économiques, » on est surpris d'y trouver une apologie solide, péremptoire, du mariage, de l'hérédité et de la propriété, et par contre, une maîtresse réfutation du communisme et du socialisme.

« Qu'est-ce que le communisme ? c'est l'idée économique de l'État poussée jusqu'à l'absorption de la personnalité. »

Le socialisme n'a pas compris que les services publics, précisément parce qu'ils sont publics, coûtent fort au-delà de ce qu'ils valent, et que loin de subordonner la liberté individuelle à l'État, c'est l'État qu'il faut soummettre à la liberté individuelle.

Aristote nous a répété que l'État prenait toute sa vertu de celle des citoyens : si nous inversions le théorème : le citoyen peut-il prendre sa vertu de celle de l'État ?

Sans modifier l'égoïsme obtus de l'individu, l'État ne peut-il être noble et subtil ?

Supposons un despote résolu qui force son peuple à ne plus être une bande ameutée à ses appétits et qui agisse suivant les Normes.

Ou ces Normes sont insaisissables, ou bien si on les saisit, on a trouvé les règles de la politique. Au lieu de vivre en être passionnel, si l'État essayait de la justice et de la grandeur d'âme ? On va s'écrier que, dans le cours de la vie, le juste est

piétiné et que tel sera le sort d'un peuple de justes.
Est-ce bien démontré ? La vertu est-elle impossible à l'Etat ? On obtient une approximation par la police et la force, dans l'intérieur du pays : tout le monde s'intéresse à la sécurité des rues et des routes, et on peut dire qu'une grande partie des citoyens veut le bien dans l'État. Mais la frontière change tout, malgré le caractère si fondu des populations, à ces endroits ; la barbarie instinctive se réveille : l'étranger c'est la proie possible, espérée. Encore n'est-ce pas là le paroxysme de cet affreux élan d'âme. Il faut lire des lettres d'officiers supérieurs dans l'Inde, en Egypte, en Indo-Chine, pour sonder la profonde scélératesse de l'âme humaine. Pour l'officier latin, le chinois n'est pas un homme, mais bien un magot de bazar, et lorsque ce magot s'avise de se défendre, la colère de l'adjudant ne se mesure plus. Ecoutez des marins parler des peuples d'Orient, leur mépris est sans borne, et leur victoire sans humanité.

Le viol, ce crime plus odieux que l'assassinat, est licite à tout matelot, à tout soldat d'occupation : le marin sort de son navire avec une accumulation énorme d'indépendance refoulée ; il s'est embarqué à l'état chrétien sentimental, pleurant de quitter sa famille, il débarque à l'état de brute luxurieuse et tueuse. Est-ce un monstre ? non, c'est un bon gars sur le sol occidental, le plus doux des serviteurs à son bord, la bête la plus terrible en Orient. Et ces intéressants officiers de marine rêveurs et vainqueurs des femmes, croyez-vous qu'ils diffèrent du matelot et qu'ils passent la traversée à se rendre humains? l'oriental pour ces illettrés est un être inférieur et pas même un homme. Le Brahme, le lama, le mandarin qui viendraient dire à un amiral : « n'oubliez pas que nous sommes l'aurore dont vous êtes le jour et peut-être la nuit, » recevrait un éclat de rire pour réponse. Il y a une consigne que le militaire est incapable de prendre, celle de l'histoire.

Deux abominations nous ont mis en horreur à tout Orient ; le viol et le sacrilège. Le marin breton saccagera un temple et barbouillera d'ordure une idole, parce que le curé comme l'amiral est français et non pas humain. Il faut avoir entendu quelqu'un des pillards très gradés du palais d'Été pour connaître l'immoralité épouvantable de l'homme national.

Si le patriotisme consistait en une solidarité d'intérêts, et de noble émulation : ce serait un beau principe. Mais la perversité humaine s'autorise de son amour du pays pour pratiquer la haine de l'humanité : littéralement chaque peuple exporte les pires passions vers l'Orient. Si Colomb avait prévu les infamies espagnoles, il n'eut pas exécuté son dessein : il venait apporter l'Evangile, de bonne foi ; en réalité, il a apporté la mort et les supplices.

Quelle serait donc l'honnêteté du penseur, le seul que la passion n'obscurcisse pas, s'il ne disait les paroles de vérité, possiblement amélioratrices parmi les aveuglements nationaux ?

Au reste, cette machine qui traverse la France en moins d'un jour de Calais à Nice, à chaque tour de roue désagrège les nations et crée le cosmopolitisme : nous avons vu d'abord la vie nationale affluer aux capitales. Maintenant la capitale, lieu d'intérêt et de plaisir, n'est plus un lieu de séjour : Automne au château, été à la mer, hiver au midi, déshabituent de toute attache locale. Les cultivés vont chercher la peinture en Italie et la musique en Allemagne : Paris déchoit, Paris-lumière ! il reste Paris la-fête.

Il n'y a plus que le peuple qui vote : la Belgique a un bel avenir : à la première commotion sociale, tous ceux qui sont libres et intelligents quitteront la France pour l'endroit où ils auront la paix. La nation groupait des âmes, jadis ; elle ne réunit plus que des intérêts ; et, contradiction, moins elle vaut, plus elle exige !

ARCANE

DE

MERODACK OU DU COMMANDEMENT

LII

On appelle Patrie, le lieu où l'on vit à demeure. L'aimer serait contradictoire à l'amour de l'humanité, à moins qu'elle ne soit magnanime pour vous ou qu'on accepte d'elle une fonction.

L'ingratitude envers l'État est aussi odieuse qu'envers l'individu.

L'impôt du sang ne concerne que les bénéficiaires d'un pays.

LIII

L'État doit être plus moral que les citoyens : or, toute guerre de colonisation est immorale.

LIV

Il faut bien de l'hypocrisie ou de la stupidité pour prétendre que les baïonnettes tireront un meilleur parti de l'âme arabe ou de l'âme jaune que n'ont fait Mahommed et la doctrine du Boudha.

LV

La propagation de la foi étant ordinairement suivie de drapeau national, ensanglante et profane la Sainte Église.

C'est le droit d'une civilisation de repousser une autre civilisation, et il n'y a ni missionnaires à venger, ni missionnaires à protéger : leur devoir de convertisseur étant d'épouser les intérêts de ceux qu'ils veulent évangéliser, ou mieux, la justice : et la justice veut qu'ils deviennent les pires ennemis de la Métropole, France ou Angleterre.

LVI

Si Jésus-Christ était le Dieu de l'Occident, il serait un faux Dieu, car le vrai est universel. La meilleure civilisation est celle qui donne la paix la plus parfaite au plus grand nombre d'êtres.

LVII

Chaque peuple se préfère à tous les autres, et cela se comprend au sens de l'intérêt.

Mais le mot étranger, tel qu'on le prononce, est un mot de sauvage qui désigne une proie possible.

Chaque peuple appelle tous les autres Gentils, chiens ou Goïm : à seule fin d'être sans foi ni loi, envers eux.

LVIII

Le crime ne cesse pas d'être crime parce qu'il est com-

mis par beaucoup, au profit de beaucoup, au dam de beaucoup.

LIX

Le combat des Horace et des Curiace était un combat de civilisé : on devrait combler d'or et d'honneurs un corps de gladiateurs égal en nombre, chez tous les peuples ; mais cela est beaucoup trop raisonnable pour être jamais fait ; on continuera le jeu de la nation armée.

Au moins faudrait-il faire la part de la paix dans la société ; car l'homme de guerre ne vaut qu'à la guerre, et l'homme de paix n'y vaut rien.

VII

L'HUMANISME

Toute passion contraire à la justice est un vice ; et la passion du sol et de la race s'élève à la négation de toute justice.

Quiconque préfère quelqu'un ou quelque chose ou soi-même à la justice est un méchant.

L'homme, qui viole, qu'il soit uhlan, horse-guard ou zouave, est un monstre.

LE DERNIER BOURBON, Douzième roman
de l'éthopée LA DÉCADENCE LATINE.

VII

L'HUMANISME

Les rapports entre familles, entre tribus, entre provinces d'un même État, se maintiennent par des tribunaux et de la maréchaussée. Entre pays, il a toujours fallu des armées, autant pour la paix que pour la guerre ; aujourd'hui, c'est le pays lui-même qui est armé en la personne de tous ses membres de vingt à quarante-cinq ans ; la paix coûte un milliard à la contrée que j'habite. Tout est sacrifié à la guerre qu'on attend depuis 1872 et j'écris en 1895.

Comme il y a des modes pour le tuer, et qu'on invente incessamment des barbaries nouvelles, tous les cinq ans l'armement se refait : et d'un bout à l'autre de l'Occident, les peuples, devenus des mercenaires sans solde, attendent l'heure de la grande destruction. Depuis vingt-cinq ans l'Europe a l'arme au pied ; les cheveux des rêveurs de revanche ont blanchi, leurs fils les remplacent dans le rang.

Jamais le *si vis pacem para bellum* n'a été aussi parfaitement suivi : jamais l'intellectuel ne s'est moins demandé jusqu'à quel point il était solidaire de sa race et de son lieu.

« On ne voit presque rien de juste ou d'injuste qui ne change de qualité, en changeant de climat. Trois degrés d'élévation du pôle renversent toute la jurisprudence. Un méridien décide de la vérité ; en peu d'années, les lois fondamentales changent, le droit a ses époques. Plaisante justice qu'une rivière borne. Vérité en deçà des Pyrénées, erreur au-delà ! »

Il sera grand clerc, celui qui opposera une raison à cette frappe de vérités, d'un si terrible relief, sinon en copiant Pascal : « La coutume fait toute l'équité par cette seule raison qu'elle est reçue ; c'est le fondement mystique de son autorité. Qui la ramène à son principe l'anéantit. Rien n'est si fautif que ces lois qui redressent les fautes : qui leur obéit, parce qu'elles sont justes, obéit à la justice qu'il imagine et non pas à l'essence de la loi : elle est toute ramenée en soi ; elle est la loi et rien davantage. Qui voudra en examiner le motif, le trouvera si faible et si léger, que, s'il n'est accoutumé à contempler les prodiges de l'imagination humaine il admirera qu'un siècle lui ait tant acquis de pompe et de révérence. »

Les rapports de peuple à peuple devraient être semblables à ceux de citoyen à citoyen, s'il est vrai qu'un État doit observer la même morale que l'individu vertueux.

Il n'y a chez l'homme aucun amour de l'humanité ; l'homme s'aime lui-même ; le sang et la concupiscence le rendent père, époux, frère, amant : il n'étend pas sa tendresse plus loin et fait très bien son bonheur du malheur d'autrui. L'égoïsme familial multiplie et soutient la nation : a-t-on jamais vu un peuple avouer ses torts et abaisser ses armes, au nom de la justice ? La générosité se rencontre chez l'individu : le collectif, toujours implacable, suit son noir intérêt.

Quand l'épithète d'étranger signifie inférieur et sonne le mépris, il n'y a pas de civilisation réelle. Il faut entendre des Français dire : « c'est un Prussien »,ou des Prussiens « c'est un Français », pour bien juger de l'aveuglement national.

L'égoïsme instinctif ne suffirait pas à expliquer cette idiotie passionnelle ; au reste, si de tout temps les imbéciles ont appuyé leur vanité sur leur pays, la vraie date du paroxysme, en cette aberration, s'appelle encore le premier empire. Cette espèce d'hommes de proie que Raffet a dessinés, ces monstrueux grenadiers, mamelucks sans Dieu ni diable d'un prophète à canons, ont inoculé à tous les badauds, que l'honneur d'une race résidait à vivre dans la vermine des camps et à promener une loque au bout d'un bâton, parmi des charniers.

Réhabilitons du même coup toutes les hordes, adorons le mal, et restaurons les sacrifices humains. On dépossède un Behanzin qui avait le goût homicide et il y a une colonne Vendôme à Paris ! On considère comme criminel le manque de paroles aux vaincus, et il y a une avenue Hoche, quoique ce brigand ait massacré l'armée vendéenne, après qu'elle se fut rendue. Dans la répression de la commune, on a tué comme dans une battue, sans même l'hypocrisie de la légalité. J'avoue connaître d'anciens insurgés érudits, délicats, doux, penseurs, et auxquels je confierais ma bourse et ma vie. Or, rien ne fait un procès plus terrible à une société que de tels individus, parmi les révolutionnaires. Cela prouve que les lois en France n'expriment plus les mœurs : sont-elles, au reste, officiellement exprimables ; enchaînera-t-on jamais ce qu'on a déchaîné ; l'épée du Césarisme, la dispersion du fédéralisme met-

tront-ils en ordre un peuple aussi désordonné ?
Mais ceci n'importe qu'aux Français, c'est-à-dire
à trente-six millions d'hommes, qui se croient
tout, et qui ne sont que les dégénérés d'un immortel passé.

L'homme du Sceptre est-il l'oint des passions
nationales, l'agent de l'égoïsme d'un pays ou bien
le médiateur providentiel entre ces passions et la
la vérité salvatrice. Le jour où un professeur d'histoire expliquera en Sorbonne que l'infériorité du
romain est dans son idée de Rome quand même,
partout et toujours ; le jour où l'histoire sera philosophique au point de vue de l'humanité et non
d'une tribu, ce jour-là, il y aura un esprit lucide
et un cœur honnête réunis dans la même chaire,
spectacle rare et certes édifiant.

Cette importance donnée à l'histoire de France
ferait hausser les épaules à tout esprit libre. Aimer quelque objet que ce soit jus qu'en ses verrues,
au lieu de malgré ses verrues, appartient à la pathologie.

Le désintéressement chez l'individu enlève
l'admiration et nul ne songe que, dans les faits,
il enlèverait peut-être le succès. La tentative
vaut d'être faite, pour neuve qu'elle soit : les patriotes aiment leur pays comme on aime une
danseuse, à la Hulot ; plus ils sont trompés, plus

ils s'attachent, et à ceux qui rejettent cette manière aberrative et gâteuse, ils jettent les pires épithètes de sans-patrie.

Le mot sonne mal, s'il signifie le refus du devoir social, mais s'il répudie seulement une part de la solidarité de l'individu avec l'État, il mérite examen.

Qu'est-ce que la patrie ? Est-ce le lieu où l'on est né, par exemple la mansarde du numéro 1433 de la onzième avenue, à Boston ? Est-ce la ville de Boston elle-même ? Le District ? la Province ? la latitude ? la langue ? Personne ne le sait.

Un enfant vient au monde pendant une traversée à égale distance des deux continents, aura-t-il pour patrie celle du bateau ? Ce n'est donc pas le lieu.

Serait-ce la race ? quel rapport établir entre le massaliote et le Germain d'Alsace ? La patrie est donc un ensemble momentané de territoires solidarisés et régis par une constitution déterminée. Peut-on, autrement qu'en chanson, prétendre que la patrie représente un même intérêt pour tous ? Est-il équitable que celui qui ne possède pas le sol, le défende, sans rétribution ? Est-il logique que celui qui ne reçoit rien du pays, lui donne son sang ? Prenons un intellectuel qui n'a pu rester dans un lycée de l'État, à cause de l'enseignement sans culotte ; qui a dû s'estropier un peu pour éviter l'armée ; qui a été emprisonné sans jugement pour n'avoir pas lu une affiche ; qui a perdu tous ses procès ? Je veux bien qu'il pardonne à l'État, mais donner sa vie pour son ennemi, c'est l'office d'un Dieu et non d'un citoyen. Ah ! si l'État avait une religion, il pourrait enseigner, au nom de Dieu, l'abnégation, mais l'État n'ayant aucune autorité morale, n'existant que par la poigne du gendarme et le fusil de l'armée, serait vraiment mal venu de demander à un être conscient, des actes de conscience.

Il paraît qu'avant 1870, l'arrogance des officiers dépassait toute imagination et que les civils ont gagné beaucoup de sécurité à la défaite : ce côté de la question paraîtra petit, il ne l'est pas pour les intéressés.

On peut demander beaucoup au citoyen, sauf sa propre personne, car tout devient inutile et ironique, s'il ne dispose pas de lui-même.

Il y a vingt-quatre ans que tout est sacrifié à l'éventualité d'une guerre, où les hommes de ce métier pressurent tout le peuple : cependant, on ne s'est point battu et tout a été sacrifié à cette guerre qu'on n'a pas faite : on a troublé les savants, irrité les artistes, exaspéré les penseurs ; les hommes de la paix ont été vexés et mal menés, les ténors eux-mêmes n'ont pas été respectés. Cependant, on pourrait tolérer une sorte d'armée de la paix de dix mille hommes, sans que le pays fût en péril. Qu'arrive-t-il ? l'armée a perdu son prestige, l'individualisme offensé fulmine, le sentimentalisme sévit, et des livres paraissent, déclarant l'officier un irresponsable, le soldat de troisième classe, un élève martyr. Parmi les intellectuels, les écrivains et les artistes, la rage est si forte, que j'en ai vus quitter avec un dédain grossier de très honnêtes et belles dames, parce qu'on leur attribuait des défaillances en l'honneur du pantalon rouge. Imagine-t-on la situation du général commandant de corps entrant dans un salon, trouvant accoudé à la cheminée et accaparant l'attention un soldat de troisième classe, beau causeur et insolent ? Quelle incohérence de mœurs; ce pays où l'ouvrier caporal flanque son patron au violon, ou un docteur ès sciences sera rudoyé par son tailleur en sergent : quel carnaval et quelle complication !

Tel officier manque le mariage qu'il souhaitait, parce qu'il a puni un cousin de la jeune fille ; le pékin se venge dans le monde, le gradé pressure en sa caserne : et c'est ainsi qu'on fait les grands peuples, paraît-il !

Personne n'a songé à atteler un zèbre à son cab,

ce serait original pourtant : il y a des hommes domestiques comme des animaux domestiques. Voilà ce qu'on ne sait plus : car depuis le progrès des sciences, on repousse toute analogie scientifique. Même si l'on parvenait à arracher les griffes et les dents à un tigre, il ne fournirait pas la journée d'un cheval d'omnibus : on le tuerait ou il tuerait : il n'est pas méchant, il est tigre. Les sars de Babylone les apprivoisaient, mais, sans les forcer contre leur instinct.

On dira que la personnalité humaine ne résiste pas comme l'animale et que l'on vient à bout de l'individualisme, dans les compagnies de discipline : j'y consens, mais l'État, que je sache, ne se symbolise pas, cravache en main, dans une cage avec de jeunes savants, et ne présente pas des hommes dressés. Au cirque international, l'État est obligé à une tenue raisonnable.

Toutes les activités ont leur emploi social : et la pacificité d'un être résulte toujours de l'identité entre sa fonction et lui. Depuis que le monde a une histoire, jamais un cerveau n'a pensé sous un casque : nul ne relèvera ce défi, aucun militaire professionnel n'eut jamais une idée métaphysique ; ce n'est pas un reproche, mais un principe. Si le métier des armes implique l'incapacité abstractive, il ne faut pas l'imposer aux abstracteurs : car, lorsque le pays n'aura plus ni œuvres, ni arts, ni vie intellectuelle, que défendra-t-on, puisque rien n'existera plus ?

Lorsque on appartient à une civilisation en décadence, le devoir devient social, non plus patriotique.

Or, je ne crois pas qu'on puisse rien sauver quand la violation des Normes est devenue la Norme adoptée.

Du reste, dans tous les temps, les esprits de lumière ont été d'un sentiment plus étendu que la frontière de leur pays et ont refusé de pactiser avec les passions locales.

Une chose doit-elle être tenue pour juste, parce qu'elle est française ? L'intérêt humain et l'idée de justice peuvent-ils être sacrifiés à un intérêt privé ?

On répliquera :

L'État n'existe que par son unité : si le citoyen juge à son gré de la justice des choses, il y a anarchie ; et on ne peut obtenir d'aucun groupe humain de préférer quelque chose à lui-même. Eh bien ! la conclusion pratique, c'est que l'élite de chaque nation, celle qui œuvre, art, lettres ou sciences, doit cesser d'en faire partie active : car il n'y a pas de place pour l'exception dans la masse, ni pour le penseur parmi les fous.

La civilisation, comme la religion, doit demeurer en dehors des compétitions de peuples.

Hélas! on a vu le prêtre aller à la caserne, le séminariste revêtir la livrée nationale et les évêques subir cet attentat sans nom. On ne peut prendre modèle sur le prêtre ; il s'est assermenté. L'intellectuel, lui, demeure encore debout : vainement on voudra le convaincre de sédition, il dira le mot irréfragable de l'intelligence devant la force : *non possumus.*

Nous ne pouvons pas oublier *l'humanité* au profit d'un pays, ni la justice pour la commodité d'un intérêt ; nous ne pouvons cesser de penser : nous pouvons nous taire, et notre silence paie largement la paix que nous demandons.

L'idée de la politique considérée au point de vue humain, et non pas national, éclate dans le Saint Empire tel que le concevait Alighieri, et Fabre d'Olivet a échafaudé sans assez de preuves une hypothèse célèbre sous le nom de cycle de Ram.

Ce Ram hindou, identique au Dyonisios grec, cinq mille ans avant notre ère aurait établi un empire universel. Valmiki et Nonnos ne suffisent à établir ni la date ni le fait. Saint Yves d'Alveydre et tous les occultistes ont admis ce fait extraordinaire, sans mieux l'appuyer. En tout cas, il ressort de la moindre érudition que les civilisateurs étaient des humanistes et non des patriotes et que les successeurs devinrent nationaux par dégénérescence.

Au cours de ce livre, peut-être comprendra-t-on que l'intérêt véritable d'une race est toujours identique à l'intérêt humain : or, la prépondérance n'est pas souvent le meilleur sort. L'Amérique a tué l'Espagne, elle tuera l'Angleterre, toutes les métropoles meurent par leur grande colonie. Croire qu'on fait impunément des conquêtes injustes, appartient à des cerveaux d'alcooliques. L'homme paye après sa mort, le peuple toujours de son vivant : cherchez pourquoi sont tombés les empires? par l'injustice.

Mais quelle est la forme politique de la justice? La justice politique résulte du Principe providentiel, ministérialisé par la Volonté de l'homme, dans le mouvement du Destin ; c'est-à-dire que partant d'un point de lumière, la volonté humaine n'aboutirait pas, si elle restait inconsciente des nécessités du fait.

La Providence c'est la Loi Divine, l'archée, la Norme telle que Dieu l'a conçue et voulue : le Destin, c'est la nécessité savante, la condition réalisatrice, le confluent des effets, tel que la Providence l'a généré ; et la Volonté de l'homme, c'est le terme du libre arbitre et de l'option consciente. L'accord de ces trois forces est le *sine qua non* de l'harmonie humaine, la Providence a préétabli, le Destin nécessite, la Volonté choisit.

Si la volonté choisit à la fois contre l'ordre normal et la nécessité, le désordre est à son comble. Si la volonté s'allie à la nécessité, il peut y avoir un salut momentané ; mais la loi préétablie seule engendre les biens durables. On pourrait comparer la Providence au cadran des heures et le Destin à celui des secondes ; il est plus impérieux et agité et cependant il n'est que succédané.

Vouloir c'est pouvoir, est une des formules les plus incomplètes qui soient en magie.

Vouloir c'est pouvoir, quand on veut selon l'harmonie universelle et l'accord du lieu et du fait.

Le missionnaire a tous les droits de l'homme providentiel ; sa volonté obéit à la Providence, mais il néglige le destin, sans cela il verrait que son rôle est de redoubler le zèle de l'oriental pour sa religion et non de l'en faire changer. La civilisation a le plus grand intérêt à ce que tout l'Occident soit chrétien, et il le deviendra, j'entends par chrétien, catholique ; mais il importe peu que Dieu soit prié sous le nom de Brahma, s'il est vraiment prié.

Saint-Yves d'Alveydre avait proposé une adaptation de la Synarchie ou gouvernement des principes, combinable avec la démocratie, dans le sens du Destin : mais providentiellement, le système ne devait pas se réaliser. L'autorité suprême, l'Amphictyonnat, rassemblait les évêques, les vénérables, les rabbins, les pasteurs et les recteurs d'université, c'est-à-dire des fonctionnaires : cela n'aurait pas donné plus de lumière qu'une Chambre de députés.

Avec la conviction de la belle inutilité pratique de ce soin, voici réduits en axiomes les lois essentielles de la science politique ; j'ai dû incidenter et moderniser le discours pour amener le lecteur, par des considérations de détails, à un point où il souhaite une sorte de légifération. Je crois l'avoir assez inquiété, par d'apparentes antinomies entre le droit de l'individu et le devoir de citoyen, pour me flatter qu'il lise ces arcanes, dans le secret désir de m'y trouver obscur, inconséquent ou banal : et je pense le décevoir.

ARCANES

DE

ADAR OU DE LA PERMANENCE

LX

Le philosophe peut-il penser comme l'ignare ou agir contre sa raison ? il ne peut donc accorder à la Raison d'État que son silence.

LXI

Les rapports de peuple à peuple devraient être semblables à ceux de province à province dans le même État.

LXII

On peut dire que l'individu a plus de générosité que l'État : il a un honneur ou plutôt il n'a pas le courage de ses mauvais instincts, l'État n'a point de honte, parce qu'il est impersonnel.

LXIII

Les pauvres qui rêvent le socialisme n'observent pas que s'il advenait jamais, il y aurait de plus entre leurs besoins et la satisfaction, la plus redoutable dame, la gendarmerie.

LXIV

Tant que la conquête sera considérée comme une gloire, il n'y aura pas de morale politique.

L'homme du Sceptre sera toujours l'oint des passions nationales, l'agent égoïste d'un pays, tant que l'éducation n'aura pas changé l'opinion sur le patriotisme.

LXV

Il n'y a que deux formes pour la paix : États fédérés ou Saint-Empire ; le fédéralisme divise suffisament pour ruiner l'idée de conquête et il y a communauté d'intérêts dans le Saint-Empire.

LXVI

Dans toute existence de peuple et à chaque événement l'homme d'État, représentant la volonté du peuple, trouvera sa résolution, en réunissant la loi d'harmonie universelle à la connaissance locale et actuelle.

LXVII

L'homme du Sceptre n'a que deux questions à poser à ses conseils et à lui-même en toute circonstance : quelle est l'idéale solution, l'abstraite ? quelle est la concrétion possible de la solution abstraite ? mais il ne faut pas qu'il s'arrête à l'intérêt de son pays.

— *Quoi, dira-t-on, l'élu d'un peuple ne suivrait pas l'intérêt de ce peuple ?*

— *Mais quel peuple avouerait qu'il n'a point d'autre intérêt que matériel ; et quel homme de Sceptre serait assez peu conscient pour ne pas violer l'ignarerie de sa race ? Si une injustice procure un bien véritable (j'entends sans expiation déplorable, sans suite désastreuse) il n'y a plus qu'à ruiner les temples, brûler les livres, oublier tout, saigner les riches et s'esbattre,* per fas et nefas.

LIVRE DEUXIÈME

DUODENAIRE
DE
L'ASCÈSE POLITIQUE

> La politique est la seule carrière qui ne demande aucune connaissance spéciale : refuge des ignorants, des paresseux, des vaniteux, elle constitue, avec le journalisme, la prostitution masculine.
>
> Savons-nous à quel prix l'Egypte a vécu cinq mille ans, tandis que nous atteignons notre dix neuvième siècle, pour périr malgré une activité singulière et de beaux génies ?
>
> Science sans méthode, art sans idéal, institutions sans logique, éducation sans mœurs. Tel l'arrêt de la décadence latine. . . . .
>
> Bonaparte, sans la circonstance d'un pays sortant de l'anarchie, n'eût été qu'un condottiere régulier, c'est-à dire un officier. Que serait Alcibiade aujourd'hui ? Qu'eût été Robespierre, au siècle de Périclès ?
>
> L'antinomie qui explique les décadences n'est autre qu'un défaut de parallélisme entre les hommes et les faits, les nécessités de l'heure et la personnalité du génie.
>
> LE DERNIER BOURBON
XIIe roman de l'*éthopée*.
LA DÉCADENCE LATINE.

I

LA QUIDDITÉ OU DE LA VRAIE VOIE

> Se perfectionner pour devenir lumineux, et comme le soleil, échauffer la vie idéale, latente autour de soi, voilà tout le mystère de la plus haute initiation.
>
> COMMENT ON DEVIENT MAGE.

> Le péché originel pèse sur tous les hommes, non parce que Adam le commit, mais parce que tous les hommes l'auraient commis.
>
> COMMENT ON DEVIENT FÉE.

> Il y a trois degrés en esthétique comme en ascétique, la sensation de Dieu, le sentiment de Dieu, l'idée de Dieu.
>
> COMMENT ON DEVIENT ARISTE.

Les cinq mille ans historiques qui précèdent la venue de Jésus-Christ ne nous montrent que des théocraties, sauf Carthage et l'emporocratie punique.

L'Égypte, la Kaldée, l'Assyrie, l'Inde, la Chine,

Israël, la Perse, la Grèce et Rome sont, avec la Phénicie, les dix protagonismes de l'humanité.

Ce n'est pas le lieu de rechercher l'origine atlante des Égyptiens, ni l'origine égyptienne de la Kaldée : il suffit à la thèse d'établir que la théocratie fut permanente et universelle ; la vie publique, comme la vie privée, dépend de la morale et celle-ci emprunte ses formes efficientes à la religion.

Quant à cette sœur de Carthage en infamie, qui étendit ses tentacules de l'Atlas au Caucase et du Tage au Tanaïs, Rome, sans existence cérébrale, seulement patriote, réédita les tueries orientales.

Les fils de Scanda ou Cimbres ou Slaves, restés barbares, s'apprêtaient au pillage prochain de Rome. A ce moment, il n'y avait plus de religion vivante ; l'homme moral avait disparu de l'histoire, et les Esseniens et les thérapeutes ne pouvaient influer que sur l'individu. Jésus parut : il était temps ; les Goths ou Godins, sectateurs d'Odin, sorte de Mohammed du Nord, s'apprêtaient à submerger la civilisation entière.

Constantin sauva tout, en se faisant chrétien et transportant l'empire à Constantinople : un peu plus d'un demi siècle après, Alaric prend Rome et détruit l'empire d'Occident.

Un déluge de brutes humaines passe sur l'univers à nouveau ; Clodowig, une de ces brutes, trouva en sa femme un ange ; et la sexualité fit ici un de ses grands offices, le chef des Francs devint chrétien.

Une sœur de l'empereur Basile fit baptiser son époux, Knès de Russie, Volodimer. Miscias, duc de Pologne, fut converti par sa femme. Le roi de Hongrie se fit chrétien aux instances de sa femme Giselle, sœur de Henri l'empereur.

Procope n'a pas osé avouer à la postérité les horreurs Gothiques. Nul plus que moi n'admire R. Wagner, mais sa race seule a pu diminuer son génie, au point de ressusciter les ignobles symboles de la secte d'Odin.

Au ix° siècle, qu'on y songe, l'Italie était redevenue sauvage, couverte de forêts et pleine d'animaux dangereux.

Parmi les fondateurs de religion, il y a deux malfaiteurs, deux patriotes, Odin et Mohammed ; ces misérables ont armé leur race contre toutes les autres, et on retrouve dans le mauvais cœur anglais, la trace du Troglodytisme moral.

Les Kalifes, en moins d'un siècle, maîtres de l'Asie et de l'Égypte, conquirent l'Espagne. Sans la victoire de Poitiers, la France était soumise au Croissant : et cependant, dès le x° siècle, le Kalifat de Bagdad n'était plus qu'un fantôme sous la main des Tatars ou Turcs, autre séquelle qui a fourni la triste race ottomane.

Charlemagne a tous les traits du théocrate ; cependant il commanda à son fils de prendre la couronne lui-même à Aix-la-Chapelle : cette couronne, dit d'Olivet « tomba de la tête de l'enfant sur celle d'un comte de Franconie. » Au reste, qu'il s'agisse de Temugin le Tatar ou de Mahommed II, de Godefroy de Bouillon ou de Simon de Montfort, partout la volonté aveugle se culbute avec l'implacable destin.

La féodalité est une phase générale de la formation monarchique dans toutes les races. Le luxe permit à l'art de paraître, la vanité de la brute militaire toléra le troubadour, entre le clerc et le page ; pendant les absences du mari, croisade ou expédition, la femme s'affina, les mœurs changèrent. Qui ne découvre dans la chevalerie un endiguement de la sauvagerie des barons ? Ces ivrognes de meurtre furent enrégimentés sous une conception idéale ; le fait d'armes, accompli au profit de l'innocent et du faible, les honorait davantage, l'idée de justice se glissa dans leurs pauvres cervelles, tandis qu'elle abandonnait l'âme des religieux. L'inquisition, malgré tout ce qu'on a dit, à notre époque où le besoin d'une discipline intellectuelle se fait si fortement sentir, étonne et soulève une indignation que le cours des siècles n'épuisera pas. Ferdinand, Conrad et Hugues Capet affermissent leur monarchie ; l'Italie ouvre une parenthèse dans la forme politique emporocratique et communale comme bientôt la Hollande et la Suisse : tout le reste de l'Occident évolua en formule monarchique.

Au lieu de hordes, ce sont des armées qui continueront les vices humains : Ferdinand massacre les Sarrazins, les Anglais dévastent la France, les Espagnols et les Portugais ruinent l'Amérique de fond en comble, Luther vient ajouter à la confusion, attaquer les arts eux-mêmes et fournir des prétextes religieux à des ambitions politiques.

Montesquieu a découvert cette facétie, que la République a pour principe la vertu, et la monarchie, l'honneur : ou l'auteur des « Lettres persanes » a plaisanté, ou bien c'est un enfant ; si la forme démocratique implique la vertu, il n'y a pas d'hésitation et quiconque n'opte pas pour elle, mérite l'ostracisme. Quant à l'honneur monarchique, s'il diffère de la vertu il n'est pas l'honneur ; car concevoir l'honneur sans la vertu, c'est créer le dogme même de l'immoralité. Ce spirituel magistrat eut mieux dit en donnant à la république l'intérêt comme principe et à la monarchie *l'infatuation*.

Dès que le grand nombre domine, il est question de besoins : au contraire, quand un seul est le maître, il s'agit surtout de vanité. Le peuple convoite des satisfactions d'instinct ; le despote rêve des satisfactions d'amour-propre, l'un a plus d'excuses, l'autre moins d'impériosité ; mais ils se valent au résultat. L'État ne trouve sa réalité ni dans l'honneur d'un homme, ni dans la satisfaction de beaucoup, mais dans la seule justice.

Il y a la justice entre citoyens, ou municipale, et la justice entre nations ou justice humaine.

Or, après avoir réfléchi au bénéfice qu'on peut tirer de l'amollissement général des latins et de la sensibilité un peu maladive de l'Occident, j'ai cru le moment opportun pour instruire le procès du nationalisme et montrer que les horreurs de l'histoire prennent leur source dans ce que les moralistes appellent la fausse gloire et que je nomme, moi, le désastreux profit.

Je demande pardon de ces mots antithétiques, mais ils désignent ces avantages, souvent prodigieux dans le présent et que l'avenir rend néfastes. L'Espagne et le Portugal, ces pays lamentables, et si parfaitement ruinés, qui tiennent à la civilisation, plutôt par leur territoire que par leur valeur, n'ont-ils pas eu un profit extraordinaire dans leur conquête du Nouveau Monde ?

Comment l'envisager sans épouvante ? Si la France, l'Angleterre ou l'Allemagne pouvait renouveler les déprédations des Goths et fournir la carrière des fils d'Odin et de Mohammed, elle s'y précipiterait, sans une hésitation chrétienne, sans un scrupule d'humanité.

On ne peut pas demander à un homme qui pense de se désintéresser de l'idéal, pour s'inféoder aux mauvaises passions d'un pays !

Quelle inutilité de s'occuper de l'intérêt idéal d'une race, avant d'avoir pourvu à sa paix l'Occident se ruine et se déperd pour se garer des voisins ; tant que l'Opinion n'aura pas posé un frein aux instincts nationaux, le monde moderne ne connaîtra pas la sécurité. Jadis, les guerres ne frappaient que sur les fortunes : l'Inde n'a jamais arraché le laboureur à sa charrue, ni aucune époque le prêtre à l'autel, le professeur à sa chaire, le savant et l'artiste à leur œuvre.

Aujourd'hui, un agrégé d'histoire est à la merci d'un adjudant ; or, un professeur d'histoire, fût-il le plus médiocre des hommes, ne peut pas avoir d'autre sentiment que de la pitié devant le drapeau.

L'obéissance passive ne s'obtient que des illettrés ; on m'objectera Polytechnique, et les Écoles de Guerre, mais on peut être un ingénieur sans génie et un mathématicien sans pensée. L'assimilation d'un procédé intellectuel ne constitue pas l'entendement.

Mac-Mahon devait en savoir aussi long qu'un lieutenant, et cependant nul n'osera parler de sa conceptualité.

La Métaphysique et ses vues de synthèse constituent une caste cérébrale différente du praticien des sciences comme du sensitif des arts.

Les opinions souvent ne sont que des tempéraments qui s'expriment; les bilieux et les sanguins vous diront que la guerre est une des formes de la vie. Rien de plus difficile que de parler au nom de tous; il y aura toujours un parti qui protestera, le parti des gens qui aiment à être battus. Les israélites regrettèrent l'oignon égyptien qui manquait à leur liberté.

Un imbécile me disait un jour: « j'aimerais mieux mourir que d'aller me confesser comme vous, » et le personnage avait fait, sans souffrance, trois ans de caserne.

L'homme du Sceptre qui donnera à tous les mêmes libertés et les mêmes obligations ne satisfera personne. Il y a des hommes domestiques et des hommes sauvages : il y a des êtres qui meurent sous la contrainte, tandis que d'autres s'y développent. Les analogies animales suffiraient à éclairer, mais cela est trop simple pour ces graves niais que sont les hommes d'État. Ils conçoivent un homme type, simple reflet de leurs notions et ils le préfèrent, d'après le mannequin.

Lutte des races à l'extérieur ; lutte des castes à l'intérieur : telle, toute l'histoire.

Dès la fin du xie siècle en France, l'esprit communal se levait contre le noble et le roi en profita ; la noblesse abaissée, la bourgeoisie parut à son tour et 89 fut son avènement.

Aujourd'hui, le peuple veut conquérir l'hégémonie. Si le règne de la bourgeoisie a duré un siècle, grâce au pli terrible imposé à la nation par le soudard du Directoire, que durera le protagonisme populaire ?

Pour repousser d'un même coup les passions égoïstes sans les léser, l'État doit imposer une notion idéale ; mais protester de son amour du bien et de son dévouement à la chose publique, invoquer la Patrie ou la Providence, ne signifie rien.

L'homme du sceptre pourrait dire au peuple :

— « Je ne te demande pas ce que tu veux, voici ce que je peux : tes seuls droits sont tes besoins, la nourriture, le vêtement et le toit : si tu veux plus, prouve que tu mérites, en t'évertuant ; mais si tu viens te mêler du gouvernement, tu seras châtié. »

L'homme du sceptre dirait au bourgeois :

— « Toi aussi, tu n'as d'autres droits que tes besoins et tu es vaniteux : je vais te donner tous les emplois, sauf la justice. »

Et enfin à l'intellectuel :

— « Tes droits sont tes facultés ; c'est toi dont l'esprit a le plus d'étendue et le moins de préjugé, sois le juge ; mais n'oublie pas de respecter le besoin du peuple et la vanité du bourgeois. »

Quant au pouvoir exécutif, il faudrait qu'il ne fût jamais mêlé au législatif : un amiral ne peut pas juger un marin ou un capitaine un soldat, il ne peut que le condamner.

Le juge ne doit être que juge ; ainsi l'exige la sécurité de tous. Mais veut-on voir où les prétendus intellectuels en sont arrivés et ce qui est sorti de Hegel, en plus des Strauss, des Fichte, des Hartman, des Fueurbach ? écoutons Max Stirner :

« L'avenir du monde est celui de l'indépendance absolue de l'individu, maître de lui-même et de toutes choses » — indépendance absolue ! maître de soi ! toute-puissance — folie !

Ecoutons-le encore :

« Vous vous imaginez que je tiens ma doctrine pour bonne ? Je suis moi-même ma doctrine. Le bien et le mal ne sont que des fantômes de l'imagination comme l'humanitarisme ou l'égoïsme. Nous sommes tous parfaits : ceux qui se croient pécheurs sont des insensés... Toutes les vérités sont en dessous de moi. »

N'est-ce pas la lycanthropie attribuée au monarque assyrien ? Louis XIV, cité comme le parangon de l'orgueil, croyait sa doctrine bonne ; il gardait la notion du bien et du mal, il se croyait supérieur à ses sujets mais non parfait ; il se savait pécheur et reconnaissait enfin quelques vérités au-dessus de lui.

L'Allemagne n'a pas concentré tout son venin dans le moine de Wittemberg et la philosophie allemande blasonnera les prochaines guillotines : Kant, Hegel, sont les parrains de l'anarchie et la dynamite de nos jours n'est que la mise en pratique de leur déraison.

ARCANES OCTÉNAIRES

LVIII

L'histoire est une science, une biologie collective, les événements comme les phénomènes dégagent un déterminisme.

LIX

Il y a deux permanences dans la vie : la volonté de l'individu, la Norme de l'espèce.

LX

Le caractère le plus permanent de l'état social a été pendant cinq mille ans : la théocratie.

Il y a trois siècles, le principe religieux l'emportait encore sur les nationalités.

Cela provient, de ce que la société base son existence sur la morale, et que la morale se base sur la religion. Elles forment ce qu'on pourrait appeler : les hautes mœurs.

LXI

La religion, sauf dans un enseignement secret, n'a pas

mission de paître les exceptions, mais la totalité humaine : elle est donc d'essence animique et partant, s'est propagée d'abord par les femmes.

LXII

La morale n'étant virtuelle que par le rite religieux, une civilisation n'est jamais que le reflet d'une religion.

LXIII

Les Goths, comme les Mahométans, étaient aussi poussés au mal par Odin et Mohammed que les chrétiens en sont écartés par le verbe de Jésus ; il y a donc de bonnes et de mauvaises religions.

LXIV

Les mauvaises religions sont nationales : tel le Mosaïsme, l'Odinisme et le Mahométisme.

LXV

Il ne suffit pas d'être tolérant ; il faut être catholique, c'est-à-dire universel.

Dieu d'Abraham, d'Isaac et de Jacob, est un blasphème, car cela suppose d'autres dieux pour d'autres hommes ; ou cela donnerait à penser que Dieu ne regarda jamais que ses pires créatures, en une partialité dépravée.

LXVI

La plus extraordinaire insolence de l'homme a été

d'entraîner l'idée de Dieu dans son parti, et de le compromettre parmi ses aventures.

Nul doute que le cardinal Richard ne chante un Te Deum, si l'État le lui demandait, pour n'importe quelle victoire injuste.

LXVII

La théocratie n'implique pas le despotisme et le droit divin du roi, l'égoïsme.

Le roi est l'abstraction vivante du pouvoir, et dépersonnalisé par sa fonction, comme le Pape.

LXVIII

L'État ne trouve sa réalité ni dans l'honneur de quelques-uns, ni dans la satisfaction de beaucoup, mais dans la seule justice.

LXIX

Lutte des races à l'extérieur ; lutte des castes à l'intérieur : voilà l'histoire politique.

LXX

Il n'y a pas de justice militaire ou maritime ou commerciale : la justice n'a point d'épithète, elle est incompatible avec toute autre fonction, et surtout avec l'exécutive.

LXXI

Kant et Hegel sont les fondateurs de l'anarchie : ébauchée par Luther et Calvin et matérialisée dans le nihilisme russe.

II

L'ORIGINE OU DE LA MÉTHODE

> La suprême laideur c'est la démocratie ; la suprême méchanceté c'est le militarisme ; la suprême barbarie c'est le progrès.
> COMMENT ON DEVIENT MAGE.

> Il n'y a qu'une preuve de la valeur d'une femme : son homme, mari ou amant.
> COMMENT ON DEVIENT FÉE.

> L'Aristie nous enseigne à refuser l'événement concordant à notre appétit, s'il disconvient à notre idéal.
> COMMENT ON DEVIENT ARISTE.

Le pouvoir absolu n'a jamais existé en Occident : Louis XIV se promenant avec Samuel Bernard implorait son aide et ne la forçait pas. En Orient, où les mœurs remplaçaient les lois, la volonté du despote, sans entrave dans le fait, instantanée, se heurtait et parfois se brisait devant l'intervention du Prêtre comme Frédéric Barberousse fut terrassé par Hildebrand.

Des esprits d'une incontestable culture et des hommes de sensibilité toute chrétienne, comme Renan, ont conçu le tyran intelligent et bon comme l'idéal politique : mais si on examine une autocratie, la Russie actuelle ou la Perse de Xercès ou l'Assyrie, on voit que le gouvernement tourne à l'oligarchie.

Il n'est pas exact de faire de ce mot oligarchie, synonyme de riches, cela ne serait vrai : mais de fonctionnaires.

Dans la monarchie, chacun tient ses pouvoirs du Roi, mais chacun en use à peu près à sa guise pourvu que l'ordre règne et que rentre l'impôt. Le gouverneur français d'Indo-Chine n'est-il pas monarque, simplement feudataire de France, comme son collègue le gouverneur des Indes s'appelle vice-roi ?

La délégation de pouvoirs constitue l'oligarchie, surtout dans un pays où la Prévention peut vous garder six mois en prison, sans aucun dommage pour elle, si elle se trompe.

Le nombre de charbonniers, fonctionnaires maîtres chez eux, en République constitue une oligarchie.

Aristote distingue quatre formes oligarchiques :

celle basée sur le cens ; celle qui se recrute dans certaines familles ; celle qui est héréditaire ; celle enfin où le magistrat décide, et non la loi : toutes quatre sont des variétés de la Ploutocratie.

Or, elle ne serait pas à rejeter, si les fonctions entraînaient de telles charges, que tous les revenus du riche profitassent à la communauté ; et même que, dans un temps déterminé, ils fussent ruinés par les honneurs conférés.

Mais il y a de l'absurdité à rétribuer un riche en même temps qu'on l'honore ; d'autant que le riche a moins d'intelligence et d'application que le pauvre.

La bourgeoisie veut mater le peuple, et le peuple déposséder la bourgeoisie : or, la bourgeoisie a raison de ne pas se laisser écraser, le peuple ne saurait avoir tort de vouloir mieux vivre. Qu'ils partagent, et la vanité d'un côté aidera la misère de l'autre !

Toutes les fonctions devraient être aux enchères : une commune a telle dette, ou besoin d'un pont, ou d'une route, ou de tel autre subside : celui qui fournira sera le M. le maire ou M. l'archonte, voilà qui est simple et contente tout le monde. La seule raison des honneurs nationaux c'est de faire rendre gorge aux riches, au profit des pauvres.

Les Rothschild ne devraient-ils pas être depuis longtemps les Protecteurs de la République, avec piquet d'honneur, aubade, sérénades, parades, et traités par l'État comme M. Dimanche par son tailleur? On n'a plus de respect pour la noblesse et on a raison : plus une maison est ancienne, plus ses ascendants ont été criminels et plus ses descendants sont abâtardis.

Les artistes, évocateurs du passé, ont continué le prestige des noms, parce que ces noms étaient des mots magiques : Bouillon, c'est le royaume chrétien de Jérusalem, Coucy, c'est le plus fort des châteaux et le plus hautain des barons, dans l'imagination d'un millier d'êtres. Il eut mieux valu restaurer les manoirs que le prestige des nobles, qui ne sont plus aujourd'hui que des gens du monde, ou des hussards à peine distinguables de leurs collègues manants.

Mais ce respect ôté aux noms historiques, on l'a voué aux coffres-forts remplis : sans idée d'emprunt, sans aucun espoir de profit, abstraitement le monde actuel salue la fortune ; mieux vaudrait saluer les merlettes.

Qu'est-ce que le riche ? c'est l'individu qui possède plus de moyens de se satisfaire qu'il n'a de besoins. On ne peut appeler riche, le noble ou le bourgeois qui a femme, enfants et trente mille livres de rente : avec des obligations mondaines il y a plutôt pénurie. En thèse, une rente de mille francs par mois et par personne constitue l'aisance légitime. Au-delà, commence le devoir de dispersion : la loi ici effaroucherait tout le monde, même les bénéficiaires, les mœurs seules peuvent agir.

Comment ! on a pu, sans soulever une révolution, disposer de la personne même des riches et les jeter à la caserne, au vaisseau, à la maladie et à la mort ?

Et leur fortune leur serait plus chère que leur liberté et leur vie ? Quelle calomnie invraisemblable !

Le *cens* au lieu de permettre la fonctionnarisme devrait l'impliquer. La fortune crée des loisirs, et l'homme de loisir est vaniteux ; surtout en France où être quelque chose paraît préférable à être quelqu'un.

L'aristocratie est une sorte d'oligarchie, puisqu'elle ne donne le pouvoir ni à un seul, ni à tous, mais à un petit nombre ; seulement l'oligarchie est un pouvoir de fait, sans idée morale, et l'aristocratie signifie élite, et non richesse.

Comment préciser l'idée d'élite ? Aristote entend les hommes les plus vertueux, sans se douter qu'il désigne les riches. Quoique le besoin ne soit pas la cause majeure du crime, il est certain que le riche peut satisfaire les pires passions avec une assez grande sécurité et corrompre même la justice, si elle voulait sévir. Or, la vertu est une matière d'opinion, et plus on a de fortune, plus on est maître de l'opinion.

Au langage ordinaire, l'aristocratie a le sens d'eupatride, et signifie la naissance : elle nous a valu, après Louis XIV, une suite de pauvres êtres bons pour la vie privée, y compris le podagre final, le déplorable bourgeois de Frohsdorff ; quant aux gens du noble faubourg de Paris ou des provinces, aucun ne présente de qualités d'État, à peine ont-ils encore la cassure élégante de la poupée diplomatique. La science serait un critérium bien imparfait : ce que l'École Normale supérieure nous livre, ce que les facultés mettent en chaire, ne nous servirait pas beaucoup ; et l'élite recrutée selon le savoir, comme l'élite selon la vertu, sont deux impossibilités.

De tous les mots désignant une forme politique celui d'Aristocratie fait incomparablement le meilleur effet, mais Aristote lui-même l'entendait mal, puisqu'il cite Carthage comme exemple aristocratique.

Il y a trois éléments qui se disputent l'égalité dans le gouvernement : la liberté, la richesse et la vertu ; et, assurent les anciens, la vertu est le caractère propre de l'aristocratie.

Les deux éléments premiers sont aisés à concevoir : la liberté et richesse ; mais la vertu ? Le comte de Chambord, bourgeois vertueux et roi nul, fut-il vertueux ? oui, comme un homme privé, non, certes, comme homme public.

Que faut-il considérer pour découvrir la vertu ? les mœurs privées, et Louis XVI est un honnête homme, les mœurs publiques, c'est un imbécile qui fait des serrures aux appartements de sa femme, tandis que son pays va sauter.

Que dirait-on d'un capitaine de vaisseau, excellent homme au demeurant, qui taillerait des noix de coco au lieu de veiller à la barre, par une mer démontée ? Débarqué et en retraite, ce capitaine fera un bon contribuable ; mais à son bord et responsable, c'est pis qu'un scélérat, c'est un niais. Le moindre illettré dans une pharmacie empoisonnera plus de monde qu'un pervers ayant un mauvais dessein, mais conscient de ses actes.

Telle la cérébralité, elle reste réfractaire aux certitudes métaphysiques et que, de siècle en siècle, elle oublie et ânonne à nouveau. Chaque moment de l'histoire montre, chez les protagonistes, un insouci complet de l'expérience.

Cette faculté de la politique comparée qui, à

propos d'un cas actuel, évoquerait critiquement tous les homologues de l'histoire, voilà ce qui manque d'ordinaire aux théoriciens.

Chacun répète la formule consacrée, sans la comprendre : faire la place de l'homme de génie en politique, c'est s'exposer à la voir rester vide, ou, ce qui sera pis, occupée par des intrigants.

Il est pourtant nécessaire de découvrir la notion sociale de la vertu, et de donner le signalement des meilleurs ; on ne peut dire ni qu'ils sont parmi les officiels, ni qu'ils n'y sont pas.

Parmi les petits jeunes gens de l'école des sciences politiques, il y a peut-être quelques valeurs : quoique improbable, ce n'est pas impossible.

Prenons donc la société par en bas, et voyons si nous ne découvrirons pas la formule réelle de l'aristocratie ? Le travail matériel a trois catégories, le cultivateur, l'ouvrier et le commerçant.

Mais voici que la matière nous donne : le grand propriétaire, un riche ; l'ingénieur, un monsieur et le commerce, un spéculateur : oligarchie certes, non pas aristocratie.

Les plus intéressés dans une question sont les plus éclairés mais aussi les plus passionnés, et partant, douteux comme arbitres.

Quels que soient l'égoïsme et l'âpreté au gain

qu'on leur attribue, l'agronome, l'ingénieur d'usine et le négociant ont une qualité, la compétence, qui manque aux avocats médecins et journalistes de la Chambre : aussi devrait-on créer trois Chambres correspondantes à l'aristocratie du travail.

J'entends déjà l'ouvrier protester devant ce syndicat des patrons : oubliant que cette Chambre du travail n'est rien que consultative, élaboratrice de la Loi ; sur son mémoire ou son cahier serait prise la décision du pouvoir qui aurait alors à considérer les droits de la glèbe, de la main d'œuvre et du commis.

Le commerçant ne vaut pas cher, moralement : c'est le bourgeois en activité, comme le bourgeois est un négociant retiré, et il accepterait sans scrupule que le pays fît une guerre pour écouler sa cotonnade. Le rôle du pouvoir est de planter les faisceaux de justice au milieu des intérêts. L'industriel a l'âme moins basse, mais de peu ; quant à l'agronome, il peut être scélérat en Irlande, mais en France, par exemple, la canaille c'est le paysan, sans qu'il ait beaucoup de circonstances atténuantes. Je n'ai pas la place de les discuter, je pose le fait : le paysan ne vaut rien ; il est moralement au-dessous de ses bœufs.

Après la catégorie du travail matériel commence la bourgeoisie ; en soi, l'homme qui se promène tous les jours, sans aller à un gain, est un bourgeois ou rentier. Cette espèce a un bien grand respect de l'autorité, née conservatrice, satisfaite de peu, idéal contribuable et tiré de cette perfection par la femme légitime ou maîtresse. Nulle part, en aucune ville, je n'ai vu, aux heures d'aller au travail, autant de femmes qu'à Paris ; la race féminine y est courageuse, fine, et bien supérieure à l'homme.

Le nombre des demoiselles de magasin ayant du comme il faut, a étonné Graindorge Taine : il aurait pu ajouter que la rue du Sentier, d'un bout à l'autre, a été assise par des femmes. Au reste, de tout temps elles ont été cause de la pénétration des classes supérieures par les inférieures : les fortunes ont été faites pour elles, comme elles seront dépensées. Mais la Vénus éternelle, si sensible à l'uniforme militaire, a souvent l'amour-propre de la fonction, de tout ce qui orne son homme. Combien d'honnêtes femmes par le monde, incapables d'un amant et prêtes à tout pour fleurir la boutonnière de leur époux. L'Angleterre a déjà admis la femme au vote paroissial et à celui de la Comté ; fantastique folie : le jour où l'homme général ne sera plus le cheval indispensable à enfourcher pour son initiative, le jour où l'homme ne sera plus le moyen de la femme, nous verrons la fin des mœurs latines ; car incapable d'être l'égale de l'homme, elle n'en sera plus que le despote méprisant, ou l'entreteneur luxurieux.

La haute bourgeoisie, en nos mœurs, comprend la grosse fortune qui se fait ou l'aisance faite de principes égoïstes mais d'un grand amour de l'ordre, et plus vaniteuse encore qu'intéressée ; ils sont désignés pour les emplois d'administrations. Bureaucrate en bas, financière en haut, la bourgeoisie peut fournir, par ses hauts représentants, un sénat des finances, qui proposerait et documenterait les matières d'argent : c'est là que la propriété a ses enthousiastes, c'est là qu'elle trouvera ses docteurs. Il n'y aura plus qu'à déduire, comme pour la Chambre du travail, leurs passions de leur opinion.

Quant à la noblesse, celle qui n'est pas dans la cavalerie doit être envoyée au corps diplomatique, non comme politique, mais comme représentante des belles mœurs.

Les Musées et les bibliothèques appartiennent de droit aux écrivains, ainsi que tous les emplois des Beaux-Arts ; ceux de l'instruction publique aux savants. Il n'en est pas ainsi. MM. Gréard, Kaempfen, Rougon, recteur de l'Université, directeur des Musées, directeur des Beaux-Arts, sont sans œuvre, sans compétence et sans valeur, ce sont des commis politiques. Les examens ne prouvent que de la mémoire ; les thèses valent mieux, les livres valent tout à fait. La Chambre intellectuelle devrait être composée de ceux qui ont le plus et le mieux œuvré : mieux vaut un Proudhon qu'un Rousse ou un John Lemoine.

L'Aristocratie ne peut donc se fonder que sur les virtualités ou capacités et cela, on peut s'assurer, ne sera jamais héréditaire. La preuve des capacités doit être prise dans la production même, autant au matériel qu'à l'esthétique.

Quant à la Chambre suprême, elle devrait être élue par des délégués du travail, de l'Économie, de la Propriété et de la Culture. Jamais, ni militaire, ni marin, ne saurait paraître en aucune de ces assemblées non plus que les magistrats.

Le législatif interprète la loi, l'exécutif la fait agir sans empiètement sur les pouvoirs supérieurs.

Comme il n'y a qu'une justice, il ne peut pas y avoir plusieurs codes :

La justice est civile par son essence ; comme l'exécutif est militaire par essence également.

Il serait stupide qu'un avocat intervînt dans le plan d'un général et dans les mouvements d'une armée ; mais ni avant, ni après le combat, un homme de guerre ne peut usurper sur le magistrat et rendre un arrêt : sinon, c'est un retour aux mœurs des invasions, cela ne ressort plus que de la barbarie.

ARCANES NOVENAIRES

LXXII

L'autocratie véritable dans une cité devient une oligarchie dans un vaste empire : satrapie de Xerxès, gouvernement de l'actuelle Russie.

Il en est de même pour une république. Tout pouvoir très étendu se délègue, et que sa source soit monarchique ou démocratique, ses ministres forment une oligarchie.

LXXIII

La noblesse avait des charges, conséquences de ses honneurs.

Et si la démocratie n'était pas sotte, elle ruinerait les riches par des honneurs. Les Rothschild, par exemple devraient être grands protecteurs de France et payer le budget de la guerre.

LXXIV

Le socialisme n'est pas de nature latine, sinon il aurait pris sa meilleure leçon politique dans la scène de

M. Dimanche et du tailleur : au lieu de cela, il engueule M. Dimanche et le veut ruiner.

LXXV

Le cens, au lieu de permettre la fonction doit la forcer ; le plus riche d'une ville doit être le maire, le plus riche du département le préfet, mais avec des charges absorbant son revenu et même davantage.

LXXVI

Par Aristocratie, Aristote entend les plus vertueux, ou ce sont les riches qui ont tous les moyens de se satisfaire en échappant aux lois ; ou bien les pauvres parce qu'ils montrent une grande vertu à supporter leurs maux ; mais les uns sont sots et les autres ignares.

L'Aristocratie, en toute matière, c'est la compétence.

LXXVII

Le travail a trois catégories : l'agriculture, l'industrie et le commerce ; les plus compétents du travail sont l'agronome, l'ingénieur, le négociant : et ils forment un Sénat du travail, en regard d'une Chambre de la main-d'œuvre composée par le paysan, l'ouvrier et l'employé.

Le Capital-Propriété comprend tous les rentiers et ceux qui vivent du mouvement de leur argent, et ils forment un Sénat des finances en face d'une Chambre de la petite épargne.

LXXVIII

Tout ce qui reste de noblesse doit être envoyé aux ambassades et consulats pour que leurs manières fassent croire aux belles mœurs du pays. On doit toujours, autant pour l'émulation que pour l'intérêt, présenter ses qualités ; et la noblesse représente la qualité extérieure et d'apparat.

LXXIX

L'enseignement supérieur et la justice doivent être aux mains des écrivains comme les Beaux-Arts : l'examen actuel étant remplacé par un nombre de thèses, soutenues publiquement. Ainsi occupés et sauvés du besoin, les intellectuels ne feront point de désordre et formeront une assemblée de la haute culture.

LXXX

Le clergé doit être élu par les fidèles, et sanctionné par le Pape, sans intrusion de l'État.

Le rôle du Pouvoir est de planter les faisceaux de justice parmi les intérêts.

III

LE RAPPORT OU DE LA DESTINÉE

> La bêtise occidentale a sept têtes :
> le café, le cercle, le journal, le jeu, le cinema, le lupanar et le café concert.
>
> COMMENT ON DEVIENT MAGE.

> La femme est le prisme où le désir mâle vient se décomposer, elle est le plan analytique de l'Eros.
>
> COMMENT ON DEVIENT FÉE.

> L'homme emporte en son éternel devenir l'acquêt intellectuel et son illumination d'élu dépend de son ascèse d'homme.
>
> COMMENT ON DEVIENT ARISTE.

Le peuple a été le prétexte et le moyen de l'avènement bourgeois, on l'a ameuté contre la monarchie et il l'a renversée. Le roi n'osa jamais le forcer au servage militaire, le roi le faisait racoler individuellement, le soûlait pour qu'il signât son engagement. Après la petite fête de 1793, un homme vint qui leva les enfants de seize ans et mit à la torture les mères soupçonnées de cacher leur fils : cela ne pouvait durer, et quand le calme revint, le peuple tira au sort. Quand il eut un bon numéro, il put se louer comme remplaçant, il sortait alors du service avec quelques milliers de francs et la vie assurée : il a préféré le plaisir tout moral de voir des riches pâtir comme lui, s'il est possible que des riches pâtissent jamais autant que des pauvres. Aujourd'hui, jusqu'à quarante-cinq ans, il est l'homme chose et ne peut pas s'absenter deux mois sans se montrer à la gendarmerie, à l'aller et au retour, comme un simple repris de justice. Il paie deux sous la boîte d'allumette qui vaut deux centimes à Jersey, qu'on donne gratis à Bruxelles à l'acheteur d'un cigare ; il paie seize sous un litre, dans l'année où le vin naturel coûte trois sous le litre, il paie dix sous quarante grammes de tabac qui valent dix centimes, il paye l'air qu'il respire, cinquante-cinq centimes par fenêtre, il est mis en prison pour trois mois s'il s'endort sur un banc sans cinq sous dans sa poche,... mais il est *souverain.*

Toutes les grandeurs se payent, même les illusoires ; certains jours, le peuple met un morceau de papier où il y a un nom dans une caisse de bois blanc ; voilà toute sa compensation, elle lui suffit. Il faut ajouter que des cabotins assez monotones et des courtisans assez piètres lui font des discours et lui balancent un vague encensoir au nez.

L'infinitésimalité de la dose homœpathique se trouve vérifiée au moral : le passant est un trente-six millionnième de roi, et cela lui suffit.

On lui promet ce qu'il demande, on ne lui donne rien ; mais ce soir des promesses fut un si beau soir, le monsieur debout cognait si fort la table, hurlant : « tout par le peuple et pour le peuple » que ce seul souvenir apaise les rancœurs.

Il est représenté à la Chambre, il y a quelqu'un qui parle pour lui, quelqu'un qui est son avocat ; et comme il se félicite d'être un trente six-millionnième de roi, il se gaudit d'être un quinze millième de député.

Qui donc a cultivé dans l'âme vulgaire, ce mauvais mysticisme de souveraineté ; et comment des êtres si étreints par la réalité, s'entêtent-ils pour des songes ? Demandez-le au bourgeois ? Je crois utile d'exhumer par instant les crétins décédés, pour la confusion de ceux qui vivent encore : écoutez Babeuf : « La nature a donné à chaque homme un droit égal à la jouissance de tous les biens.

« ... Les travaux de l'enseignement ne seront pas réputés utiles, et ceux qui les exercent n'auront pas un brevet de civisme.

« .... La grande communauté nationale entretient tous ses membres dans une égale et honnête médiocrité.

« .... Tout commerce particulier avec les peuples étrangers est défendu.

« .... Il ne sera plus introduit dans la république ni or, ni argent. »

Ce regrettable fou a été guillotiné en 1797, à l'âge de trente-quatre ans; il avait succédé à Robespierre, dans l'estime de la Montagne.

Si le peuple n'était pas envoûté par les avocats, l'homme du Sceptre lui tiendrait ce langage — « Que veux-tu mon ami? — manger, te vêtir, te chauffer, te loger et n'être pas victime de la noblesse; tout cela est légitime. Mais si tu veux lire les journaux, t'occuper de politique, aller au café concert et à l'opérette, prétendre à la science infuse, tu n'es plus un malheureux qui intéresse, tu es un fou qui étonne. » Le peuple réclame autre chose, il ne veut pas seulement cesser de souffrir, il veut commencer à jouir : il est en République, c'est-à-dire, on doit gouverner à son profit : on lui a dit que depuis des siècles, nobles et bourgeois s'abreuvaient de sa sueur, il veut du bon temps, il veut faire la fête. La démocratie s'appelle le gouvernement par le peuple : on appelle peuple la catégorie sociale qui vit de son travail manuel. Or, l'instruction ne peut s'acquérir sans qu'on s'y consacre entièrement : donc, le peuple ne peut pas être instruit, ni compétent. Comment les ignares gouverneront-ils ? en déléguant des pouvoirs aux plus instruits. Mais comment des ignorants discerneront-ils les instruits ? Donc il est impossible que le peuple gouverne, ni même qu'il choisisse ses gouvernants. Celui qui proférerait ces vérités serait assommé dans une réunion électorale !

Le peuple, essentiellement animique, ne raisonne pas, il ressent : quiconque ne le flatte pas peut renoncer à ses suffrages ; le représentant du peuple commence toujours par être le courtisan du peuple. Or, un courtisan est un menteur, donc tous les députés mentent ; car s'ils ne mentaient pas, ils ne seraient pas élus. Avant 1883, on promettait le retour d'Henri V aux ouvriers légitimistes ; on promet n'importe quoi.

Comédie de bas aloi, la République fait suite au prétexte pris par les bourgeois pour remplacer la noblesse, et rien de plus.

Mais il y a les socialistes convaincus : ce sont des aliénés incapables de raisonnement, ce sont les fous de la justice ; le mouvement de leur cœur paraît beau, la formule de leur cerveau idiote.

Il y a de la charité dévergondée dans leur cas, mais l'inquisition était aussi de la foi dévergondée !

Ce qui ôte à la démocratie tout prestige, c'est son aveu de profiter un jour des abus dont elle souffre aujourd'hui. Le peuple contemporain ne veut pas la justice, mais les biens matériels ; il entend succéder au bourgeois, avoir son tour. Les promesses du club flamboient en lettres de flamme devant ces pauvres esprits.

Interrogez les radicaux modérés, ils ne veulent pas leur droit, ils veulent le pouvoir. Sur leurs lèvres « bourgeois » a le même sens que celui de pékin dans la bouche d'un officier ; et l'adjectif s'y ajoute en pensée : « sale bourgeois, sale pékin. »

Or, devant cette menace du nombre, il faut le contrepoids de la force, et si le désarmement était possible devers l'étranger, il ne le serait pas en face des socialistes.

Ces vaniteux étourdis, au lieu de s'embusquer derrière les questions d'économie politique, ont poussé des cris de mort : et désormais l'armée a pris une raison d'être et d'utilité pendant la paix. Voilà le résultat de théories ineptes, de criailleries d'ivrogne !

La caractéristique de la démagogie c'est l'infantilité ; le sans-culotte est un mioche pervers, cruel, terrible, mais un mioche : il peut casser comme un jouet une institution, faire des décombres, mais dès que cette furie s'arrête, l'homme d'ordre, bourgeois ou noble, viendra pour reconstruire. Le peuple ne peut rien pour lui-même, jamais il ne discernera ses vrais intérêts. Mû sans cesse par des idées féeriques qu'il veut concrétiser par la violence, son effort ne lui profite pas ; il désire le pouvoir, et il n'a droit qu'à la protection, car s'il est le nombre il n'est pas la force.

Dans le chapitre de l'oligarchie, nous avons su en quoi consistait l'aristocratie du travail ; mais elle s'appelle pour le peuple : capital, c'est-à-dire tyran.

Nous avons dit que toutes questions devaient être connues, préparées par les plus compétents des intéressés, et il a paru que cela n'était qu'une moitié de la question. En effet, la justice d'une question de travail se résout par la comparaison du côté patron et du côté ouvrier.

Le Sceptre ressemble à ce bâton d'Hermès

où viennent s'enrouler harmonieusement les serpents de la dualité ; en toute matière politique il y a deux aspects, l'un oligarchique, l'autre démocratique : ne voir que l'un des deux sera toujours une injustice, les satisfaire également une impossibilité, car les intérêts sont opposés et les passions contradictoires. L'ouvrier veut le plus haut salaire avec le minimum de travail ; le patron, au contraire, tend à exiger le maximum de travail avec le moindre salaire : l'homme du Sceptre doit décider.

Il est donc nécessaire que les trois séries de travailleurs, les paysans, les ouvriers et les commis, aient une représentation et des cahiers périodiques : mais, au lieu de l'exposer à la perte de temps des meetings et au verbiage infructueux des assemblées, ils doivent élire leurs mandataires par une échelle de suffrages de plus en plus restreints, de façon à n'avoir qu'un porte parole ou porte cahiers.

Le mémoire imprimé devrait se substituer au discours, en toute matière économique.

Toutefois, ces cahiers de la main-d'œuvre ne devraient traiter que des besoins du manouvrier, sans toucher à rien de général ni de gouvernemental, et ne parler littéralement que sur la vie matérielle et l'indépendance relative : car les programmes idéologiques sont des duperies. Écoutez ce programme politique : « Nous voulons un ordre de choses où toutes les passions basses et cruelles soient enchaînées, toutes les passions bienfaisantes et généreuses éveillées par les lois, où la patrie assure le bien-être de l'individu, où chaque individu jouisse de la prospérité de la patrie.

« Nous voulons substituer la morale à l'égoïsme, le mépris du vice au mépris du malheur, l'amour de la gloire à celui de l'argent. Nous voulons, en un mot, remplir les vœux de la nature, accomplir les destinées de l'humanité, tenir les promesses de la philosophie, absoudre la Providence du long règne du crime et de la tyrannie. » N'est-ce pas magnifique ? Voulez-vous la date ? 5 février 1794 ; Voulez-vous l'auteur ? Robespierre.

Quoique je suive une voie de dénonciation personnelle, je dois à un homme de génie, le marquis de Saint-Yves, l'énonciation de son système, qui, partant des mêmes principes d'occultisme et d'ésotérisme, présente des ressemblances vives et fréquentes avec ce que je propose :

« La loi politique, celle des États laïques ou non, se définit en trois Pouvoirs : Délibératif, judiciaire, exécutif.

« La loi sociale, celle des Nations, religieuses ou non, devra, elle aussi, se définir en trois Pouvoirs sociaux, enseignant, juridique, économique. »

Telle est le schéma de la Synarchie, beau nom digne de titrer toute vérité sociale.

Le peuple est l'être physique ; et, inférieur, les animiques lui doivent leur secours et les intellectuels leur tutelle.

L'ouvrier peut s'élever jusqu'à l'artiste et les castes fermées sont des erreurs.

Les facultés d'un être marquent seules sa place sociale, et lorsque Jean Racine se laissa ennoblir, il y eut risée parmi les sphères.

Le créateur, savant ou écrivain, ne doit recevoir de l'État que l'exemption des corvées et les conditions de son œuvre, c'est-à-dire un peu d'or. Donner la légion d'honneur à un génie c'est le rabaisser au niveau d'un bon serviteur.

Je l'ai dit, d'après Aristote, l'homme supérieur est à lui-même sa propre loi : il est au-dessus de la société, tandis que le peuple reste au-dessous : l'homme supérieur ne désire pas le pouvoir, tout acte est moindre que sa pensée et l'homme inférieur ne peut pas prétendre au pouvoir, car tout acte est supérieur à l'absence de pensée.

Le peuple, je le ressasse, n'a d'autres droits que ses besoins ; mais précisément parce qu'il est irresponsable et exclu du gouvernement, il doit être d'abord satisfait.

Tout ce qu'il y a de chrétien et de légitime dans les revendications populaires se résume dans une seule formule, le droit au travail, même pour l'ouvrier âgé.

Il devrait y avoir un ministère de la misère où se présenteraient chaque matin tous les pauvres en chaque ville : chacun serait interrogé sur son métier, jugé sur ses facultés et puis expédié par convois spéciaux dans le Midi, où la vie est moins dure au malheureux ; mais non pas en des villes : en rase campagne, où seraient établis des ateliers gouvernés par des moines.

Je vois d'ici le demi tour de la moitié de ces gueux préférant muser à travers Paris et certains jours se glisser au café concert de barrière, je les comprends peut-être, ceux-là, mais je cesse de les plaindre. La société n'est pas obligée de nourrir l'individu dans une ville qui lui plaît ; elle lui doit le pain, le toit, le feu : elle s'acquitterait en le lui donnant dans un doux climat et en pleine nature.

Avec les pauvres des villes, on créerait des villages prospères. Les polissons législateurs de ce temps n'ont pas même lu ce livre admirable de Balzac, *Le médecin de campagne*. Ce que Benassit sut faire pour son hameau, l'État doit le faire pour ses malheureux, sinon ces malheureux ont le droit de mourir et le droit de mourir implique le droit de tuer : en cela le socialisme s'appelle la justice, mais en cela seulement. La vie du corps aux corporels ; telle la charité, telle la sécurité.

CONCORDANCE CATHOLIQUE

ARCANES DÉNAIRES

LXXI

Il faut au peuple un singulier mysticisme pour se laisser tailler et corvéer à merci, en échange d'un trente-six millionnième de royauté, et d'un quinze millième de députation.

LXXII

Pour juger les utopies actuelles, on doit rechercher leurs expressions antécendentes : l'absurdité éclate. Babeuf éclaire Bakounine ; et Robespierre, Tolstoï.

LXXIII

Si la seule aristocratie appréciable réside dans la compétence ou capacité, le peuple, c'est-à-dire ceux qui vivent du travail, ne peuvent gouverner.

L'ignorance est l'équivalent d'inconscience.

LXXIV

Le peuple ne peut connaître que de ses besoins, qui

sont ses seuls droits : quand il se meut, son sentiment paraît souvent noble, mais toutes ses aspirations, même belles, aboutissent au désordre. La foi n'a-t-elle pas créé l'inquisition ?

LXXV

Le maximum d'honneurs avec le minimum de charges : voilà toute la bourgeoisie.

Le minimum de travail avec le maximum de paye : voilà tout le peuple.

LXXVI

En face des Sénats [1], il faut des Chambres ; correspondantes mais restreintes et lisant des cahiers imprimés, sans discours : un de la terre, un de l'usine, un du commerce.

Ces cahiers de la main-d'œuvre ne doivent traiter que des besoins.

LXXVII

Tout ce qu'il y a de légitime dans les revendications populaires se résume dans le droit au travail ; il devrait y avoir un ministère de la misère expédiant dans la campagne méridionale tous les pauvres des villes et fondant, en grand, ce que Balzac attribue à Benassit dans Le médecin de campagne.

[1] V. p. 1.

IV

LA MATÉRIALITÉ OU DE L'EFFORT

> Un acte n'est pas beau parce qu'il est fort ; le héros n'est pas celui qui l'emporte, mais celui, vaincu ou vainqueur, qui avait un rayon de justice sur son épée.
> COMMENT ON DEVIENT MAGE.

> Un peuple dégage de l'animisme bisexuel qui se concentre sur la personne régnante ; l'entité nationale s'unit également, positive à une reine et passive à un roi.
> COMMENT ON DEVIENT FÉE.

> Il y a une force occulte faite de l'émanation collective qui tend à unifier les individualités d'une époque.
> COMMENT ON DEVIENT ARISTE.

La justice sociale résulte de l'équilibre entre le pauvre et le riche, entre le juge et le citoyen, entre la force et le droit. Il faut que chaque caste renonce à une part de son désir, car il y a antinomie renaissante entre l'ops et l'inops.

Nous avons, prenant l'État par en bas, établi un Conseil de la Terre et un cahier des besoins pour le paysan ; un conseil de l'Industrie et un cahier des besoins pour l'ouvrier ; un conseil du Commerce et un cahier des besoins pour l'employé ; nous sommes restés dans l'économie domestique de la nation.

Chacune de ses trois branches d'activité a sa prolongation extérieure ; et, à ce propos, il faut signaler une lacune impardonnable de la diplomatie : elle comporte un attaché militaire et ne comporte pas d'attaché agronomique, d'attaché industriel, d'attaché commercial : quelle imbécilité !

Spécialisation, voilà aujourd'hui le nom de la compétence et de l'honnête en toute matière ; mais l'homme du Sceptre ne peut être ni agronome, ni industriel, ni financier, il doit être pensant, c'est-à dire capable de formuler en acte le plus grand nombre de rapports harmonisés.

On peut supposer aisément que chaque section économique tire à soi tout l'avantage, lequel est disputé encore entre le capital et le travail ; il faut donc, dans ce perpétuel conflit d'intérêts aveugles, un homme de méthode faisant un accord raisonnable entre les intérêts ; mais comment former cet homme et, s'il existe, le reconnaître ?

Il faut, hélas ! que l'élection entre en scène, la forme de l'erreur par excellence.

Donc, la terre, la propriété et le travail ayant des représentants, devront faire ensemble, en nombre égal, leur tassement, et élaborer un accord par majorité : mais restera le triple cahier des besoins et à qui le remettra-t-on ? Maintenant que les compétents ont parlé et que les souffrants ont répondu, qui va décider ? où sont ces cardinaux de la civilisation et quel en sera le Pape ?

Le marquis de Saint-Yves n'hésite pas à faire juger ensemble, francs-maçons, rabbins, évêques.

L'évêque n'est certes pas cet homme désiré qui formulera en arrêt le plus grand nombre de rapports harmonisés ; c'est un fonctionnaire, un national. Réunir les professeurs de philosophie des facultés, ne donneraient pas les Amphictyons.

Ah ! la difficulté m'épouvante : il faut des êtres compétents et impersonnels, des esprits de généralisation, des cerveaux de synthèse. Entre la Volonté sous les traits de la Propriété, de l'Économie et du Capital, et le Destin sous la triste image de l'ouvrier, du paysan, de l'employé, quelle figure providentielle évoquer !

Si nous procédions pour l'abstraction de la même manière que nous avons fait pour la contingence ? Tous les intérêts ont parlé, tous les intéressés ont paru ; la raison pure nous donnerait une précieuse équation morale.

Réunissant des théologiens, des philosophes, des historiens, et les hommes qui, même à tort, passent pour chefs de doctrine, on les instaurera en conseil abstrait : il représenteront le jury dans le débat entre le peuple et la bourgeoisie ; mais la question leur sera posée en thèse. Entre ces deux prétentions, quelle est la justice ? Ayant discuté, ils voteront une équation vraiment philosophique.

N'avons-nous pas appris à nous méfier des idéologues ? aussi ne donnerons-nous pas à cette assemblée un président puisé dans son sein. Il nous faut un homme capable de combiner la notion du Destin ou du peuple avec celle de la Volonté ou de la bourgeoisie et avec la Providence ou assentiment du conseil intellectuel.

Monarque, dictateur, président, protecteur, il nous faut un homme, l'homme du Sceptre. Oh ! non pas ce ridicule personnage portant un habit militaire et perdant son temps à amuser le peuple, à parader devant la constitution ; non pas un homme d'exhibition caracolant à des revues du dimanche, abruti de réceptions, de séances et de paroles vaines.

L'homme du Sceptre, comme un jacquemart d'horloge, se montre tous les jours une mi-

nute, à la même heure, au même balcon, pour
prouver qu'il vit et veille, et c'est toute la représentation qu'il doit ; il ne recherche pas la popularité, présent en une loge grillée à toutes les
assemblées délibérantes, silencieux, caché, impénétrable, pesant dans sa solitude les rapports infinis que lui présentent ses conseils ; il n'est ni le
savant, ni le génie, il est la raison s'efforçant de
deviner la Providence et de la manifester ; il est
l'être où converge la volonté nationale, il est le
confluent des aspirations et le total des lumières.
Et ce grand silence et cet isolement sont nécessaires pour que s'incarne en lui la vie générale :
toute question lui arrivant documentée, analysée,
préparée, il est le balancier qui frappe le décret :
c'est plus qu'un roi : c'est le hiérophante social,
le Mage au service à la fois de Dieu et d'un
peuple.

Car cet homme a lu Machiavel et regrette le
temps qu'il y a perdu ; il n'a pas les passions du
prince ni du peuple. Ce n'est surtout pas un patriote dans le sens où l'entendent les militaires et
les ivrognes ; il ne croit pas qu'une injustice profite jamais à un pays ni qu'un crime soit plus permis à une armée qu'à un homme : pour tout dire,
c'est le Pape social et partiel, le vicaire de l'éternelle vérité ; ses décisions ne lèsent jamais

l'étranger; et il cherche le bien du voisin, en même temps que celui de la race dont il dirige la destinée.

Peut-on l'appeler autocrate, alors que son avis dépend de toutes les compétences ? Certes, sa personne doit être inviolable et son autorité absolue.

Au-dessous de lui, prêt à tout, l'exécutif, armée et maréchaussée, attendent l'ordre à exécuter, mais l'ordre précis, exact, écrit et surveillé par un mandataire civil : car tout emploi exécutif implique le socius de la compagnie de Jésus, qui surveille et dénonce.

Au cas de conflit entre sa résolution et le sentiment général, l'homme du Sceptre doit, sauf pour la politique extérieure, ses raisons aux Chambres délibératives, il les doit sous forme écrite, lucide, précise, appuyée, de façon à ce que l'avenir, comme le présent, le puisse juger.

Voilà l'homme du Sceptre, tel que la civilisation véritable le conçoit, voilà le Soter, s'il y a encore un salut.

Il n'a pas de cour, qui le distrairait de sa fonction auguste ; solitaire, et toujours méditant, l'homme du Sceptre ne chasse, ni ne joue, ni ne plaisante. Il pense, sans arrêt, sans intermède, sans parole ; ses plaisirs, les voici : les savants viennent tour à tour lui énoncer leurs décou-

vertes, les écrivains lui lire des parties de leur
œuvre. Il a sa chapelle où nul ne prêche jamais, il
a son théâtre où on ne joue que du sublime, il a
son orchestre qui n'exécute que les chefs d'œuvre.

Certes, il ne ressemble pas aux types de l'histoire récente : mystérieux et caché comme les rois
de l'Orient, en contact moral avec les plus petits de
son peuple, il résume le prestige du Vieux de la
montagne et du Saint.

C'est le juste ténébreux ; il ne connaît que la vraie
gloire et la paix seule l'attribue ; il ne rêve que des
conquêtes sur les mauvais instincts de l'homme,
il sait surtout que toute sa grandeur lui vient de
Dieu, et qu'il est une forme par qui la Providence se manifeste.

Cet homme existera le jour où la religion, la
science et la raison se réuniront sous un front
humain : mais entre cet homme et le trône, il y
aura l'abîme infernal où se collettent les partis, où
les passions assassinent la justice.

N'importe, voici le signalement de l'homme du
Sceptre. On pourra le reconnaître, s'il paraît.

La conception française du Roi est digne d'un
pays qui applaudit la *Belle Hélène* : les Valois sont
de curieux gentilshommes pervers ; Louis XIV
paraît un magistrat de grande allure et d'une
belle application à son rôle qu'il ne comprit

jamais. A force de considérer ses frontières
comme les confins du monde, chaque peuple
a oublié, dans son infatuation, de juger son
roi.

Le roi est le grand pontife social, ou il n'est
rien qu'un chef de vanités et d'intérêts ; la royauté
paraît un sacerdoce et non pas une simple fonction.

La théocratie serait parfaite en un pays, où le
roi seulement serait de nature providentielle.

L'individualité a opéré le salut et la grandeur de l'humanité : les génies et les saints ont
été nombreux, évidents, mais y eut-il jamais
assemblée de génies ou de saints ?

Bonaparte, qui épuise mes épithètes, ce scandale
de toute l'histoire, écoutant tinter un Angelus,
s'écrie : « Quelle impression cela ne doit-il pas faire
sur les hommes simples et crédules ! Que vos
philosophes, vos idéologues répondent à cela !

Il faut une religion au peuple. »

Voilà l'éclatante ignominie de ce caporal empereur. Le peuple, contenu par la nécessité et
la force militaire, ne peut produire du désordre
que par occasion et à de longs intervalles : torrent qui ravage sans doute, mais torrent et non
fleuve. L'homme qui doit être, je ne dis pas
religieux, mais sacerdote, c'est l'homme du
Sceptre, et ses dérivés, tous ceux qui exercent

une délégation du Pouvoir : car qui donc réprimera le chef, s'il est mauvais ou injuste? et la garantie de la justice, c'est l'idée religieuse. On m'accordera que l'idée de Dieu est la plus haute que nous puissions concevoir : elle communique à tout ce qu'elle touche une souveraine majesté ; et, envisagée comme moteur de la pensée humaine, elle paraît la fugue unique que la philosophie, les lettres, les arts, les sciences et les mœurs ont contrepointée.

Il y a une étroitesse et une discipline un peu militaires dans la dévotion scrupuleuse qui constitue les mœurs religieuses et non la religion. Le Comte de Chambord communiait et, partant, recevait l'absolution ; mais le prêtre qui assumait cette responsabilité n'était pas conscient : chez un roi postulant, ou régnant, l'homme public, avec ses mérites, ou ses fautes, l'emporte incomparablement sur l'homme privé. Henri V était le dernier des hommes, le pire déserteur de ses devoirs ; le gentleman-farmer de Frosdorff était bon époux, bon voisin et bon marguillier.

L'un a fait perdre un demi-siècle à la Vérité, à l'Europe et à la France, laissant à l'erreur le temps de s'organiser et de vaincre : l'autre n'a pas eu le plus petit tort envers ses valets.

Il importe peu de savoir ce que pense le bourgeois, on sait que son intérêt le guide et, partant, qu'il maintiendra l'ordre, sous n'importe quelle espèce : il s'agit que le Pouvoir pense juste et que le peuple ne se figure pas penser.

La réduction de l'impôt, les garanties de travail, ne sont pas liées aux divagations qui faussent la théorie.

L'État ne doit être exploité ni par un, ni par plusieurs : il doit distribuer équitablement la satisfaction, afin de créer la solidarité la plus étroite possible entre les castes et même entre les États.

Le premier devoir de l'homme du Sceptre sera de sacrifier le commerce à la Paix. Personne, sinon les marchands, n'ont intérêt au Tonkin et ailleurs : toute la partie emporocratique du gouvernement se révèle méprisable ; le protectionnisme est évidemment un attentat contre l'intérêt humain, ainsi que les monopoles d'État.

Au lieu d'enrichir l'État par l'impôt, il faut enrichir le citoyen par des suppressions d'impôts.

Le libre échange sur trois choses, le vin, le tabac et les allumettes, donnerait vingt sous par jour, soit trois cent soixante francs : le loyer ou à peu près à tous les Français. Tant que l'existence nationale coûtera un milliard, l'existence sociale sera malheureuse.

Mieux que la blessure et la mort, la discipline décime, sans souci, des hommes qui ne coûtent rien à remplacer, la guerre est permanente en Europe : semblable à des défricheurs qui bêchent le fusil en bandoulière, la société dépense trop d'activité et d'or sur sa frontière pour remédier à la situation intérieure.

Voilà pourquoi l'internationalisme de l'ouvrier et le cosmopolitisme du riche sont les voies de salut, si on croit au salut : et l'homme du Sceptre survenant, il devrait en toute matière suivre l'avis le plus international.

La vérité monotone et implacable ne souffre pas de variété dans l'expression, et je le redis encore, le véritable intérêt de tous et de chacun ne peut être que la justice, non pas cette application de la loi aux gens d'une même race, mais l'abstraite justice, sans alliage de nationalité. Jusqu'ici la conception politique a été l'égoïsme politique, depuis l'Arya, fermant ses castes même au génie, jusqu'à la république de 1894, fermant les emplois à tous les catholiques même utiles, même supérieurs.

Bonaparte parlait toujours de sa volonté et par là avouait son indignité ; l'homme du Sceptre, étant l'homme Providentiel, obéit à la Norme, et non à sa vision personnelle.

Désormais, l'avenir de la civilisation dépend de

la déchéance des nationalités. Il faut que la Patrie meure pour que l'humanité vive.

Car chaque État actuel est un foyer d'égoïsme, une chaire de pestilence !

Le socialisme ne contient qu'une idée valable, l'entente des races et des États, la destruction de la frontière économique. Cet idéal est beau, il confine à la notion du Saint Empire Dantesque.

Mais le socialisme s'est à peu près perdu en ameutant les castes, en fomentant la guerre intérieure : par cette étourderie il a effrayé l'univers et même, si la frontière dévorait moins d'or et d'activité, la société qu'ils ont menacée entretiendrait la même armée, contre l'anarchie.

CONCORDANCE CATHOLIQUE

ARCANES UNODÉNAIRES

LXXVIII

La justice est l'harmonisation des devoirs et des droits.

Corporellement, l'État vit de la terre, de l'industrie et du commerce: d'où trois assemblées du travail, avec cahier des besoins correspondant à chaque série.

Animiquement, l'État se maintient par le Capital-Propriété ou bourgeoisie, au point de vue économique; et par la religion au point de vue moral.

Intellectuellement, l'État se civilise par l'enseignement et l'œuvre de pensée et d'art, et comme la justice est identique au savoir, ce sont les scients qui doivent juger.

Mais les conflits sont inévitables entre l'oligarchie des Sénats et la démocratie des Chambres, entre patrons et ouvriers, capital et travail, et quoique l'Amphictyonnat intellectuel doive opérer une première accommodation des antinomies physiques et morales, c'est-à-dire plé-

béiennes et bourgeoises, la décision ne peut être que l'office d'un homme isolé de toute caste.

LXXIX

L'homme du Sceptre est ce saint, ce génie, ce mage, ce prêtre, non pas homme d'État mais homme d'HUMA-NITÉ, capable de formuler en actes LE PLUS GRAND NOMBRE DE RAPPORTS HARMONISÉS.

Entre les compétents aristocrates et les souffrants démocrates il faut l'homme du Sceptre, comme arbitre. Il représente la Providence entre le Destin du peuple et la Volonté oligarchique. Il n'est ni le savant, ni le génie, il est la raison attentive, le confluent des aspirations, silencieux solitaire, il incarne sa race avec justice.

Toute question lui arrive doublement jugée; et par les intérêts, qu'il met au point divin, il est le hiérophante, le Pape d'un peuple. Il ne croit pas au profit de l'injustice, ni qu'un État doive moins à la morale que l'individu. Il veut le bien universel et ne favorise pas son peuple au mépris de l'humanité.

Ce n'est pas l'autocrate, car son avis, quoique décisif, vient le dernier; ce n'est pas le roi constitutionnel car il est responsable : il n'a pas de cour, il ne chasse, ni ne joue, ni ne plaisante, il pense sans arrêt, sans parole, sans intermède : tel est le signalement du sacerdote social.

L'homme du Sceptre doit être l'incarnation de la Providence.

LXXX

Chaque période historique montre l'exploitation de l'État, au profit d'un, de plusieurs, ou l'oppression de la minorité par le nombre, injustices égales.

Les chrétiens n'ont pas encore compris que le prochain désignait l'étranger autant que le citoyen et qu'en toute matière le sentiment international est le plus vrai, et le national le plus faux et le plus mauvais.

V

LA FORMALITÉ OU DU SACRIFICE

> La magie réside à voir et à vouloir au-delà de l'horizon serjel.
>
> Comment on devient mage

> Nos douleurs, filles de la contingence, se multiplient en raison de notre égoïsme : elles se raréfient dans la proportion où nous adhérons à l'abstrait qui est le divin.
>
> Comment on devient fée

> Il faut obéir au sens commun, ou au sens divin.
>
> Comment on devient Ariste

La fille de Jephté comme celle d'Agamemnon personnifie ces fatalités de la justice sociale qui désolent la sensibilité.

L'intérêt d'un grand nombre pèse plus que le sort de l'idée, aux balances du fait ; et on ne peut pas dire qu'il y ait eu de grands peuples, il n'y a eu que des nations qui ont écouté ou non leurs grands hommes.

A cette heure, en France, aucune voix de vrai commandement ne se fait entendre, aucune, du reste, ne serait entendue.

Le péché originel, qu'il faut traduire par l'imperfection originelle, condamne l'humanité à l'erreur instinctive d'abord, à l'erreur intellectuelle après.

J'ai fait intervenir le moins que j'ai pu les décisions catholiques : mais le moment approche où la théologie envahira mon discours, dès lors moins convaincant pour la pluralité. Je préfère ruiner la philosophie comtemporaine et quand mon lecteur verra détruites les fausses notions par lesquelles il me résiste, il faudra bien qu'il s'appuye à une doctrine, il n'aura plus le choix, il sera le convaincu de la nécessité.

Entre mes thèses traditionnelles et mon lecteur, il y a un entassement inextricable de sophistique allemande. Je vais déblayer.

Emmanuel Kant, de Kœnigsberg, a cru prouver la vanité de tous les principes, puis il a montré la nécessité d'en avoir : ridicule facétie, car l'utilité d'un principe implique sa valeur, même en dehors de la certitude. On appelle ce jeu antique le jeu « de la raison pure ou négative et critique et de la raison pratique ou affirmative. »

Pour tout esprit philosophique, la pensée a un double mouvement, elle va tantôt du connu, de l'empirisme, de l'*a posteriori*, à l'inconnu, à l'abstraction, à l'*a priori* ; *et vice versâ*. Je vois un cadavre et je songe à la fatalité de la mort pour tous les êtres, je suis allé du fait à l'idée ; au contraire, la pensée de la mort m'étreint et je crois sentir les symptômes d'une maladie mortelle, je suis venu de l'idée au fait, de *l'a priori* à l'*a posteriori*. La conscience de soi de Descartes se divise chez Kant en soi abstrait ou transcendental et en soi concret ou *a posteriori*.

Cet étrange philosophe, reprenant une idée alexandrine et la déformant, distingue dans le phénomène la matière et la forme : dualisme des connaissances, dualisme du jugement, dualisme du phénomène. Alors, comme un mystagogue, Kant est forcé, puisque nos connaissances abstraites ne sont pas les réflexes de l'empirisme, de donner pour mère, à nos abstractions, l'intuition.

Hegel trouva un singulier moyen d'investigation philosophique, un étrange critère de vérité, l'antinomie. Il faut se risquer dans *l'Essai d'une critique de toute révélation* de Fichte, dans la ***Philosophie de l'identité*** de Schelling, pour voir combien la raison diffère de l'intellectualité proprement dite et comme des gens qui pensent peuvent obstinément mal penser.

Tout l'illogisme déchaîné par Kant se retrouve dans Hegel, antinomies de Kœnigsberg, thèse et antithèse de Rammenau, identité de l'être et du non être dans le devenir de Léonberg ; et puis c'est le jeu de l'unité et du multiple synthétisé dans le nombre. Arrivé sur le terrain pratique, en face du fait, Hegel tombe au niveau d'un sous-off et il écrit : « Une bataille n'est pas autre chose que le combat de l'erreur contre la vérité, la victoire n'est pas autre chose que la vérité du jour, victorieuse sur la vérité de la veille, qui deviendra erreur demain. »

Le devenir de la vérité ! Oh ! oh ! si les principes deviennent, il n'y a plus ni morale, ni raison, ni philosophie, ni humanité : c'est le nihilisme.

Le paradoxe de Dantzick va aussi se manifester : l'absurdité éclate mieux, car l'écriture est très lucide et comme à la Diderot par rapport aux autres Kantistes.

« Il ne faut pas se demander tout d'abord si une vérité nouvellement reconnue s'accorde ou non avec la synthèse de nos autres concrétions, selon la méthode de Kant, intuition *a priori*. »

Dans la *Quadruple Racine de la raison suffisante*, il y a l'idée de Leibnitz, l'hypothèse d'Aristote, mais la raison suffisante a aussi un devenir comme la vérité de Hegel. Les causes premières restant inintelligibles, il les appelle occultes.

« Les concepts les plus élevés et les plus généraux sont aussi les plus vides et plus ils sont vides moins on pense par eux. » Mais place à la vérité *métalogique*, ensemble des jugements dont la vérité constitue la loi de pensée. « La raison de la vérité d'un jugement lui est étrangère ! »

« La conscience, non effet de notre intelligence mais de notre volonté » préluda bien au Monde comme représentation et comme volonté.

« Mais le panthéisme de Fichte, l'être de Schelling, le devenir de Hegel, la volonté de Schopenhauer, se représentait au public sous les traits de l'inconscient, de Hartman[1]. »

M. Funck Brentano, le seul esprit qui ait fait pour la philosophie allemande ce que Taine accomplit sur la Révolution, a donné un modèle d'exécution philosophique sur le dos d'âne de Hartman.

---

[1] Ce monde n'est qu'une perception de celui qui perçoit, l'affirmation de l'univers dépendait du premier œil qui s'est ouvert. Toutes nos connaissances du monde extérieur sont des intuitions, et le monde une objectivation de la volonté dans l'espace le temps et la causalité qui est la matière.

[2] *Les Sophistes allemands et les nihilistes russes*, par Funck Brentano, in-8° chez Plon.

Un autre Hégélien, Strauss, découvrit que Dieu est un produit de notre esprit « *noumene* contradictoire avec lui-même. »

Fueurbach définit la vérité « l'anthropologie » et puis Stirner paraît :

« L'homme est souverain ! fantôme la morale, fantôme la raison. Il faut donc détruire tout ce qui s'oppose à ma liberté ! »

Ignorant, Stirner attribue toute civilisation à la race caucasique, « il appelle croyances mongoles les idées abstraites » alors que la race jaune est la moins abstractive de toutes, puisqu'elle a de la religion sans Dieu...« Tant que tu croiras à la vérité, tu ne croiras pas en toi, tu seras un valet, un homme religieux. » Après Stirner, Karl Marx et enfin Bakounine.

« Le brigandage, dont le but serait la révolution, serait une révolution à la fois sociale, philosophique, économique. » M. Funck Brentano l'a dit.

« A cette longue chaîne, qui commence par la distinction première de Kant, continue par ses antinomies et se poursuit dans les synthèses de Fichte, Schelling, Hegel, pour aboutir au néant de Schopenhauer et de Hartman et arrive à l'application pratique par Strauss, Feuerbach, Bruno Bauer, Stirner, Marx, Herzen, jusqu'à Bakounine, il n'y manque pas un seul anneau. »

Lorsque j'écrivais, il y a quinze ans, au *Finis latinorum* de mon premier roman, ce passage, je disais juste et vrai, ce semble.

« Nul ne flétrit ces cabinets de philosophes allemands, latrines de l'idée, d'où est sortie la pestilence athée, qui, comme le crottin de loup de la goétie répandu dans l'air, a affolé la plèbe et l'a faite septembriseuse, communarde, nihiliste. Tout acte scélérat naît d'une idée scélérate, et la Révolution, cette anarchie physique, n'est que la réalisation de la philosophie du xviiie siècle, cette anarchie métaphysique. Quant à la République, c'est l'anarchie organisée de 1793, 1871, et 1880 : il ne faut pas s'en prendre à la plèbe, cette envoûtée, mais aux sophistes, ces envoûteurs. Le matérialisme public est un attentat aux mœurs, car l'idée fait des plaies plus profondes que le fer et les idées allemandes nous ont plus abaissé que les armées allemandes. Nous sommes pestiférés d'Hégélisme, incapables de protéger nos frontières, nous n'avons pas même sauvé l'intégrité de nos concepts. Grâce aux Renan, l'idée allemande, qui n'est jamais qu'une stercorale éclosion de la Réforme protestante, l'idée allemande nous envahit d'heure en heure et nul ne songe à lui faire évacuer le livre et le cerveau français.

— « Cette corruption de l'idée, c'est bien le Vice Suprême ».

Jusqu'à cet exposé de l'état intellectuel du temps, nous avions supputé dans notre marche vers la réalisation de vérité, des passions et des intérêts, non pas des théories. Mais il est advenu ce phénomène de décadence que les intérêts et les passions ont trouvé des théoriciens, et devant que la force leur soit donnée d'imposer leurs vices, les contemporains les démontrent et dès lors les légitiment.

Le communisme se réduit argotiquement à ceci : « il y a trop longtemps que ceux-là sont au buffet social, bousculons-les et prenons notre tour. »

L'ouvrier aspire à deux ménages comme le bourgeois, aux gros cigares et à la croix avec la municipalité. Le bourgeois enseigne que l'ordre est nécessaire et il a raison, mais il entend que l'ordre soit à son seul profit.

La religion endiguait les appétits, la philosophie, en se démocratisant, les a déchaînés.

La grande affaire de l'homme est de s'accomplir, dit l'initiation ; et l'illettré, lecteur de journaux et de brochures, rêvera aussi de son accomplissement, l'aspiration existe dans l'incapable, à l'animique comme à l'érotique, les impuissants de l'esprit désirent aujourd'hui la spiritualité et ils souffrent, ils enragent ; et leur âme inférieure, mise en mouvement, produit comme seule expression, du désordre.

La Société doit dérouler devant l'exception une échelle de Jacob qui le mènera jusqu'à l'accomplissement de son génie, s'il en a ; mais elle ne pose un niveau qu'en écrasant ses valeurs, et les abaissant : l'esprit de sa conservation suffirait à la dissuader. Il faut donc que le peuple reste peuple en tant que masse : *pacem et ecclesiam*, la paix et la religion, voilà tout son besoin ; et que lui offrirai-je de mieux que ce que j'ai adopté moi-même. Je crois, certes, différer en hauteur de l'archevêque de Paris, mais si je devais absolument choisir entre la religion et la métaphysique, je prendrais la religion. Car la religion contient une morale, une esthétique, et une éthique, elle est la forme même de la vie sociale et de la vie heureuse ; l'heure n'est pas encore assez épouvantable pour que les esprits veuillent se dédire de leurs inepties orgueilleuses, il faut encore un temps leur parler un langage d'apparence laïque, de terminologie scientifique : cela abaisse le discours et l'artiste n'y trouve pas son compte, mais la vérité nue paraît mieux encore.

La paix sociale ne provient que des harmonies

de castes; il n'est pas du tout démontré que l'État et l'homme forment une antinomie.

Ce Dualisme n'existe que comme catégorie d'entendement; en fait, la lumière finit et commence en pénombre.

Le point médian des antinomies est leur résolution, voilà pourquoi, entre la démocratie et l'oligarchie, entre le pauvre et le riche, il y a un médiateur, le monarque, dont l'intérêt ne peut être que la réconciliation des deux éléments qui l'enserrent.

Entre l'individu et l'État, il y a la justice, qui est faite de tempéraments et de proportions entre les objets.

CONCORDANCE CATHOLIQUE

ARCANES DUODÉNAIRES

LXLI

Il n'y a pas eu de grands peuples, mais il y a eu des peuples qui ont écouté leurs grands hommes.

LXLII

Les antinomies sont des cogitations maladives comme les localités du ton en peinture ; Kant est un tâchiste, un pointilliste de la pensée. Si les principes sont nécessaires, ils sont vrais : s'ils sont vrais, ils sont permanents ; admettre un devenir pour la vérité, c'est être fou ou Hegel.

Accepter une apparente vérité contradictoire à celles les plus évidentes, c'est être absurde ou Schopenhauer.

LXLIII

Luther, Calvin, Kant, Hegel, Schelling, Fichte,

Schopenhauer, Hartman, Strauss, Auerbach, Stirner, Karl Marx et Bruno Brauer, Herzen et Bakounine sont les seize degrés de la prochaine guillotine en permanence.

LXLIV

La bêtise des socialistes est immense, ils éveillent dans l'être social des convoitises, les plus nombreuses ; il est cependant historique, et partant scientifique, que la société n'existe qu'aux prix des renonciations de l'individu.

LXLV

Par le laïcisme, l'État a renoncé à la répression morale, il a trop cru au gendarme.

L'antinomie suppose toujours un point médian, pénombre entre la lumière et l'ombre et qui est le point politique.

Mais la recherche du point médian ne peut être vue que d'un médiateur dont l'intérêt consiste à réconcilier les oppositions.

VI

LA MORT OU DES RENAISSANCES

> Ce que tu n'as pas conçu, tu ne le possèderas jamais.
> COMMENT ON DEVIENT MAGE.

> La place refusée à Dieu dans les divers systèmes, c'est l'erreur qui la remplit.
> COMMENT ON DEVIENT FÉE.

> On ne modifie sa fortune qu'aux dépens de son caractère : et pour acquérir le luxe matériel, il faut renoncer au vrai luxe, la personnalité.
> COMMENT ON DEVIENT ARISTE.

Les peuples souffrent, s'affaiblissent, agonisent et meurent, comme les individus. L'être social évolue sous la domination de lois aussi précises que celles qui régissent l'homme pris isolément : il faudrait les formuler et la logique seule y parviendra.

Auguste Comte prétend que la spéculation humaine crut d'abord à la surnaturalité des phénomènes, puis aux abstractions, enfin aux lois de succession et de similitude.

La loi de causalité s'appelle d'abord nécessité ; la seconde, volonté ; l'autre ne saurait être appelée troisième puisqu'elle a précédé les deux autres, qu'elle les concomite, sans cependant pouvoir se manifester, si l'homme n'a pas opéré déjà sa double évolution.

Nous l'avons vu pour le primitif, la première nécessité fut organique, la seconde nécessité animique donna lieu à la volonté. Selon Pythagore, l'avenir est libre dans la double limite que lui fait potentiellement le Passé et, présentement, la Providence.

La Grèce, en comptant depuis l'Amphictyonnat, n'a pas douze siècles, dont cinq sous forme républicaine. Sparte, Rome et Carthage semblablement.

Fabre d'Olivet a trouvé que la durée moyenne d'un règne en Orient était de trente à quarante ans.

Hérodote a vu les statues de trois cent quarante-cinq Pontifes égyptiens. Il est indubitable que la longévité des peuples est un fruit de la théocratie.

De toutes les histoires antérieures à l'ère chrétienne, la plus propre à une étude typique des lois historiques est assurément celle de Rome. Ce bourg d'Étrurie en un peu de temps, défait Pyrrhus et ses éléphants, atteint Carthage sur mer, échappe par miracle à Annibal. Lors de la première guerre punique la religion y était déjà de pur décor. Quand Rome eut dévoré l'univers, elle avait contracté une habitude sanglante qu'elle devait bientôt satisfaire sur elle-même.

La nation, comme l'individu, n'est pas maîtresse de se refuser à des passions devenues trop vives et depuis trop longtemps cultivées. Au retour de sa guerre des Gaules, César marcha sur Rome plutôt que sur Pompée, et fut enfin assassiné. Mais vainement le Christ est venu, la morale humaine n'a point avancé. César est resté l'idéal du despote, et dès qu'un peuple possède une armée, il rêve de l'empire romain, cette étonnante entreprise de brigandage : il n'y a pas de morale en histoire, même pour les chrétiens ; la fumée des massacres, l'odeur des grands charniers, éteint chez l'être humain tout ce que la civilisation a pu produire de noble et de bon en lui.

Il y a dans l'homme un animal cruel : n'ai-je pas entendu le grand Barbey d'Aurevilly regretter de n'être point maréchal. « Quelle sensation, disait-il, de conduire une armée au combat ! » Nul doute que cet homme admirable, d'une beauté de caractère sans égale, n'eût été le sectateur d'Odin s'il avait rencontré le Wodan roi des Ases, et non comme Gylfe le suédois qui fut frappé par l'explication des énigmes, mais par son aveugle courage.

On est étonné de voir Fabre d'Olivet accorder autant d'importance historique à Apollonius et à Odin. Les neufs blessures en cercle que se fit le vieux Goth pour mourir, ne signifient pas grand chose : le moindre fanatique Danubien, le dernier des peaux rouges, l'égale.

Après Grotius, Vico, en sa science nouvelle, a beaucoup fait pour la philosophie historique, posant quatre principes : la réalité de la Providence, attestée par l'universalité des religions ; la nécessité de socialiser les passions en institutions, mariage, famille, propriété ; la croyance universelle à l'immortalité par la sépulture et le culte des ancêtres, enfin la permanence universelle de l'état social.

Le système des retours historiques n'est pas satisfaisant ; Herder, plus lucide, déclare qu'au début, l'homme est un bouton dont la fleur doit éclore ailleurs ; l'état présent de l'homme lui paraît le lien qui unit deux mondes.

Mais de cette évidence que le christianisme est l'expression de la plus pure humanité et que son but est de réunir tous les peuples en un seul, et de les former à la fois pour ce monde-ci et pour l'autre, Herder croit au progrès, il croit à l'avènement de la raison sur la terre, il précise cet âge d'or futur ; du passé et du présent, il tire la promesse d'un avenir heureux. Herder attendait en 1800, un Charlemagne, annonçant que les États fondés sur la conquête disparaîtraient. Avec tout le respect qu'on doit à ce beau génie, l'idée de progrès n'en reste pas moins insupportablement fausse.

L'homme, la race, la nation ont une croissance, un progrès, mais suivis tôt ou tard d'une décadence.

Parce que les Américains ont assassiné les Peaux-Rouges et les Australiens, et que l'armée française bâtonne les Arabes et l'armée anglaise les Hindous, il n'y a aucun progrès à cela ; il y a croissance des extensions métropolitaines : mais ne sait-on pas que tout peuple périra par ses conquêtes et surtout par ses colonies ?

Prenons ce siècle à son aurore ; au sortir d'une Révolution pire que toutes les Jacqueries, un Gengis Khan, un Wodan, fait reculer la civilisation de dix-huit siècles, et promène le vol, le meurtre et le pillage dans toute l'Europe. Ceux qui voient une différence morale entre Alaric, Attila et Bonaparte, sont de simples officiers ou de vulgaires patriotes.

Est-ce que l'assassinat du duc d'Enghien dénote moins de barbarie qu'il n'y en a dans l'âme de Clovis? Quel sar, quel kaiser, quel empereur traita plus indignement la religion que Bonaparte? Il la rétablit pour la domestiquer : il se fit inscrire dans le catéchisme comme le vicaire des Dieux. Comparez les bulletins de la grande Armée et les stèles de victoires assyriennes, la différence est toute entière dans une flatterie du chef à ses brigands, il leur fait partager sa gloire, c'est-à-dire sa honte.

Croyez-vous que les Français à Iéna, à Auerstadt, à Leipzig, à Halle, à Wittemberg, à Lubeck, diffèrent des armées de César, de Cyrus, d'Assourbannpal?

L'entrée de Napoléon à Madrid et à Moscou n'est-ce pas celle d'un Goth, d'un Alaric?

Les cent trente départements devaient-ils demeurer tels au mépris de toute justice? N'est-ce pas la brute hissée sur la colonne Vendôme, qui a forcé l'Europe et surtout l'Allemagne à s'armer? Et quand les alliés sont venus délivrer la France et l'Univers de la brute Corse, quand la justice sortit de Waterloo, les moutons pleurèrent le tigre.

L'an 836 après J.-C. le commerce des esclaves existait encore dans les colonies allemandes.

Les réfugiés polonais ne sont-ils pas expulsés de Prusse et d'Autriche? Et les massacres des moines et des prisonniers carlistes à Barcelone! Les Carthaginois ont-ils jamais fait mieux que les Anglais bombardant la Chine, pour avoir repoussé son opium? Les gorges de la Chiffah se souviennent de la magnanimité française.

La guerre de Crimée coûta cent mille hommes. Il serait odieux de ramasser des faits ; l'homme militaire n'a pas changé de César à Napoléon, de Sargon à César, l'homme civique reste identique sous Auguste et sous Napoléon III, parce que l'éducation est antinomistique avec le véritable esprit des sociétés chrétiennes. Le cahier de l'écolier, l'image d'un sou, le manuel d'histoire de l'adolescent lui enseignent que le meurtre, le vol et le viol commis hors de son pays, et au profit de son pays, sont les trois gradins de toute statue, les bases de la vraie gloire. La loi du plus fort, voilà ce que voit l'enfant comme le jeune homme ; elle règle ce monde et la sentimentalité ne sert pas dans la vie nationale ; on est humain pour ses proches, le reste est ennemi.

Rien ne déprave comme la lecture de l'histoire telle que l'Université de France l'enseigne, et si les classes dirigeantes ne fournissent pas plus à la cour d'assises, c'est assurément parce qu'elles découvrent des moyens légaux pour leurs convoitises. A la Bourse, toute valeur qui monte démesurement retombe ensuite plus bas que son prix d'émission ; ainsi, toute hégémonie qui devient extraordinaire par cela même est condamnée, en vertu d'une loi de physique : la réaction est proportionnelle à l'action. Les grands peuples ont péri par leurs succès même. Considérez les patrons comme des individus et dites-vous bien que l'excès engendre la maladie : il y a une hygiène sociale, une diététique des peuples. Rome a duré cinq siècles et l'empire de Charlemagne et l'Empire d'Alexandre n'ont été que l'aventure d'un homme.

On soulève un poids qu'on ne pourrait porter longtemps, et chaque fois que la statique sociale est violée, il y a ruine. Au premier moment des conquêtes, on ne voit que le laurier ou le bénéfice : mais de quelle pesanteur les pays conquis pèsent sur leur vainqueur ! La première campagne de Chine fut une promenade militaire et l'armée française revint alourdie par sa razzia ; l'Impératrice mit à son cou un collier volé par un officier comme aurait fait une femme sauvage ; pour cette Espagnole, la race jaune était une variété animale et on pouvait s'orner à ses dépens. Les Zoulous ont vengé le collier du Palais d'Été sur le fils innocent ; et l'époux qui avait applaudi Offenbach, a dû réfléchir à Sedan que la Providence vengeait les Dieux, et qu'on pouvait être plus dérisoire qu'Agamemnon.

La bourgeoisie, qui fait essayer ses nouvelles cartouches sur des ouvriers portant des branchages pacifiques, a vu son chef poignardé.

Cherchez les fautes quand vous voyez des malheurs dans la vie collective, car la justice est présente, sempiternelle, inéluctable.

Un peuple vit de ses vertus et meurt de ses délits. Athènes ne sut pas temporiser avec les susceptibilités locales de l'Hellade : la Pologne ne sut guérir son anarchie nobiliaire ; les Vendéens se divisèrent entre eux, et Athènes devint macédonienne, et la Pologne devint russe et la France devint jacobine.

La tempérance est toute la vertu, parce qu'elle est le nom de la durée. Ah ! l'enthousiasme apparaît plus beau et l'excès enivrant et plastique, poétique même : les saints et les génies furent des excessifs.

L'État s'appelle l'être moyen : son génie réside à

harmoniser : la paix au dehors, l'ordre au dedans ; voilà sa formule. Mais l'officier veut de l'avancement, l'industriel de l'exportation, le commerce de la protection, la bourgeoisie des emplois, et le peuple des satisfaction de vanité. Dès lors, la guerre devient le bonheur pour deux catégories, le militaire et le négociant ; la bourgeoisie ou l'oligarchie a besoin de prestiges pour amuser le peuple tandis qu'elle le pille ; et ainsi va le cours des choses humaines, quand ni l'expérience, ni la raison, ne s'y peuvent mêler.

Le métaphysicien s'étonnera seulement qu'un tel état de choses puisse durer comme il dure. Le civilisé, en face des lois morales et abstraites, me paraît aussi ingénu qu'un papou, qu'on placerait dans nos mœurs ; il faut cependant qu'il vive, et il agit au petit bonheur de son instinct.

CONCORDANCE CATHOLIQUE

ARCANES TERNO DÉNAIRES

LXLVI

L'être social évolue selon des lois moins perçues, mais aussi certaines que celles régissant l'individu. En politique, le passé s'appelle destin, le présent volonté et l'avenir providence. La Norme de causalité a donc trois termes. D'abord l'harmonie universelle, qui relie non seulement les individus à l'espèce et la planète au cosmos, mais le cosmos à Dieu. C'est l'ordre préétabli, dans lequel l'humanité n'est qu'une modalité de l'être.

Ensuite l'harmonie sérielle qui oblige tous les individus d'une espèce, et les exemplaires d'une race et les habitants d'un lieu : c'est la solidarité seconde ou d'identité qui se concrétise en se différenciant. Enfin, entre ces deux Normes se place la liberté de l'homme.

Comme l'harmonie sérielle est plus immédiate, elle offre des succès plus éclatants mais sans durée, tandis que l'harmonie Providentielle donne la durée, si on la suit.

Or, il y a entre le Destin et la Providence, la différence du temps à l'Éternité. On comprend donc que tout l'art politique se réduit à la reconnaissance de la Providence par la volonté. Des théocraties ont duré près de cinq mille ans ; jamais une république n'a duré plus de cinq cents ans : Athènes, Carthage, Rome.

LXLVII

Un peuple comme un individu vit de ses vertus et meurt de ses vices : la tempérance est le nom le plus exact de la vertu ; et les nations périssent toujours sous le poids de leur intempérance ou conquête.

VII

LA QUANTITÉ OU DES VARIATIONS

> Le bien lui-même, en ce monde de rapports, ne comporte pas d'excès ; nous sommes limités au sens noble comme au bas.
> COMMENT ON DEVIENT MAGE.

> Notre seule faiblesse nous pousse à exagérer une qualité, non pas notre zèle, car l'exagération se détermine par idiosyncrasie.
> COMMENT ON DEVIENT FÉE.

> L'homme supérieur est celui qui, travers le sensible, perçoit l'abstrait.
> COMMENT ON DEVIENT ARISTE

L'homme se décide par des sentiments mais il est régi par des idées, c'est-à-dire que la volonté de l'homme évolue en perpétuelle option, tandis que la volonté divine ou providence a prévu et pré-voulu, de toute éternité.

Si l'homme civilisé voulait admettre cette fulgurante vérité, qu'il y a une science possible dès qu'il y a phénomènes prouvés, que les actions et les réactions de l'homme organique ont leur parallèle dans l'homme moral et leur parabole dans la vie ethnique, la science politique serait constituée en un moment, au moins dans sa méthode : et en science, qui a méthode a tout. Mais l'intellectuel d'ordinaire procède en artiste, cherche l'orginalité au lieu de la vérité, qui, elle, ne saurait en aucun cas étonner ni séduire, non plus que la perfection. Actuellement, très peu d'esthètes admirent Raphaël et les Parques ou le Thésée, sinon par snobisme inconscient : la perfection dans l'art ne frappe pas, et, on l'a répété à tort, les peuples heureux n'ont pas d'histoire ; il aurait fallu ajouter, *militaire*, pour être exact.

« Quand il s'agit du salut de la patrie, il n'y y ni justice, ni injustice, ni pitié, ni cruauté, ni éloge, ni honte ; ce sont là des considérations qu'il faut sacrifier. » Cette immoralité est une niaiserie de Machiavel.

Si le salut peut venir de l'injustice, de la cruauté et de la honte, rien n'existe donc que le fait : retournons à la barbarie, ne soyons pas dupes plus longtemps.

Mais si la justice, la pitié, la gloire ne sont pas

de vains songes de la pensée humaine, le salut ne peut pas s'opérer sans eux.

L'éducation occidentale étant identique à cette affirmation du Florentin, il ne faut espérer ni la paix, tant qu'il y aura un pays plus fort que les autres ; ni l'ordre, tant que l'inégalité fatale de la fortune existera ; il faut se résigner ou se ruer, avec les autres.

A écouter les gens de l'heure, la politique serait surtout l'art de l'à propos, la poursuite d'une aspiration. Le bourgeois, comme dit Machiavel, « oublie plutôt la mort de ses parents que la perte de ses biens, » il préfère l'impôt du sang à l'impôt d'argent, il aime de posséder, plus que de vivre.

Le peuple voudrait devenir bourgeois ; à force de le désirer, il conçoit cet avatar comme un droit, et se figure qu'en bousculant la machine sociale une révolution le mettra au-dessus. Garder et prendre, voilà les deux verbes que conjugue la France, à l'ombre des casernes. Personne n'a tort, qu'une troisième personne, insaisissable celle-là, qu'on nomme État. Le seul moyen équitable de rassasier le pauvre et ne pas chauffer le riche, c'est de ruiner l'État, personnage fictif que d'autres appellent Patrie.

L'énorme budget de l'instruction publique se déperd à construire des palais somptueux et à presque payer les familles pour avoir les enfants : le fanatisme athéistique opère au détriment du contribuable.

Les douanes avec leurs 500 millions de revenu pèsent aussi lourdement sur le piccolo du peuple, que sur le Johannisberg du milliardaire.

Pour ce que l'État d'aujourd'hui représente il y aura toujours trop d'or dans les mains : rien de noble ne peut se produire en état de suffrage universel ; c'est ce que j'appellerais volontiers, l'ignominie d'État.

Machiavel avait l'âme assez laide pour deviner celle de tous, et il divise les citoyens ou bourgeois en deux classes ; ceux qui espèrent commander, et les autres, qui formant la plus grande majorité, veulent surtout vivre sûrs.

En effet, la partie possédante de la nation a toujours été prête à acheter la sécurité au prix de son indépendance ; peu leur importe qu'ils ne jouissent pas, pourvu qu'ils possèdent.

Le peuple, au contraire, tient plus à jouir qu'à posséder, et si on lui faisait de beaux dimanches, il serait peut-être sage pendant la semaine.

« Ce qui contribue surtout aux révolutions dans les démocraties, c'est l'insolente perversité des démagogues : à force de diffamer les riches, ils les obligent à se liguer entre eux. »

Aristote veut que l'éducation soit appropriée à la forme de gouvernement. « Si un seul citoyen n'est pas maître de ses passions, c'est que l'État lui ressemble. » Or, l'État vaut moins que l'individu de nos jours, l'État est athée et l'individu ne l'est pas. Les institutions expriment les mœurs, et non pas les mœurs les institutions, et comme de nos jours l'opinion a acquis une grande force, il faudrait changer les sentiments d'un peuple, pour changer sa forme politique.

« L'animal naît parfait et n'a rien à apprendre pour sa conservation des animaux de son espèce, l'homme naît perfectible et a tout à recevoir de la société et de ses semblables.... » L'animal naît parfait et l'homme perfectible, et la perfection de l'homme est la société, d'abord domestique et agricole ; la population d'un pays peut doubler toutes les vingt ans. Je continue à emprunter à M. de Bonald des formules nettes. Seulement, lorsqu'il donne pour raison à la guerre, l'égalité des besoins et l'inégalité des forces, ne faut-il pas remplacer besoins par vices ?

N'est-ce pas le vice commercial qui voulant produire plus qu'on ne consomme, saccage l'Orient pour le profit de quelques aulneurs de la rue du Sentier ?

Le pouvoir primitif ne fut ni volontaire, ni forcé,

mais nécessaire; car, comme dit Montesquieu, le peuple a trop peu ou trop d'action : avec cent mille bras quelquefois il renverse tout, et avec cent mille pieds il va comme un insecte.

Pour l'esprit du vulgaire, pouvoir signifie : arbitraire. Lorsque l'abbé Sieyès posa sa question : Qu'est le Tiers État ? que doit-il être ? tout ! il donna un pendant à : l'État c'est moi. Toutes les déraisons parlent le même langage.

Autocratie, aristocratie, oligarchie, démocratie ont une seule forme dégénérescente : la tyrannie.

Que ce soit le bon plaisir d'un seul, de plusieurs ou de tous, il y a toujours injustice : le peuple, en démagogie, a toujours été aussi implacable que les riches; et M. Thiers a réprimé la Commune aussi durement qu'un monarque asiatique : il ne représentait cependant que l'oligarchie ou la bourgeoisie.

Lorsque les nobles avaient un honneur, cela impliquait une charge; et il faut être idiot comme un plébéien, pour préférer dire caporal ou général à un gradé qui dispose du conseil de guerre, c'est-à-dire de la mort, que Monseigneur à un noble.

Je préférerais battre l'eau des douves avec une gaule, pendant l'accouchement d'une noble dame, que d'astiquer un fourniment : et quand les nobles étaient seuls militaires et donnaient à la défense du pays leur vie et même leurs biens, ils avaient droit en effet à un grand respect.

Quiconque a vécu de la vie de château connaît que, charitable ou non, par vanité, le châtelain est forcé à une grande bienfaisance : comment croire que, s'il en est encore ainsi, il n'en fut pas de même autrefois ?

La politique a été perdue par Luther et Calvin. M. de Bonald le dit avec justesse : « Le luthéranisme est l'oligarchie et le calvinisme la démocratie de la religion. »

La plus grande erreur de notre temps et qui impédimentera toute réforme, c'est de dissocier la religion de l'État, et de ne pas comprendre l'identité de la religion et de la morale.

« Là où tous les hommes veulent dominer avec des volontés égales et des forces inégales, il est nécessaire qu'un seul homme domine ou que tous les hommes se détruisent », j'ai montré que la décision seule appartenait à l'homme du Sceptre, mais la formule et sa plaidoirie et sa documentation appartiennent aux intéressés.

Quelle humilité devrait toujours emplir l'écrivain de métaphysique, en trouvant dans l'admirable Bonald ces ignareries : « le Juif avec sa religion sublime, l'Égyptien avec son culte ridicule et grossier », quoique Bossuet ait dit une parole confirmée par les découvertes les plus récentes : « Les Égyptiens ont su les premiers les règles du gouvernement ; l'Égypte est la mère de toutes les antiquités historiques, la source de toute police. » Or, l'Égypte fut le modèle de la théocratie ; mais la religion, qui enserrait le peuple en tous les actes de sa vie, pesait encore plus sur le monarque ; je n'en veux pour preuve que la coutume de juger le roi après sa mort. Cela supposait une caste parfaitement consciente, les Mages, qui diffèrent des prêtres, parce qu'ils étaient des génies au profane en même temps que des oints.

Je ne pense pas qu'il y eut de civilisation hors des castes : on m'accordera du moins que la pire distinction entre les citoyens soit la fortune. On ne s'enrichit pas honnêtement par le travail, on en vit seulement. Dracon, Solon, Lycurgue ont tous cherché l'intérêt immédiat et national, et ont créé une législation idiosyncrasique. « A Sparte, une des principales peines fut de ne pouvoir prêter sa femme à un autre. »

Une législation se compose des principes civilisés partout et toujours immuables, et des idiosyncrasies.

La loi sur les professions, les castes de métier profitables à l'Égypte, ne sont plus possibles en Occident. Lorsque le président de Montesquieu déclare que les suffrages du peuple sont ses volontés, il pourrait ajouter que le malade qui se médicamentirait à rebours, ferait sa volonté.

Non certes, car la volonté du malade est de guérir son mal et non de l'aggraver ; or, il peut porter son suffrage sur un nouveau médecin ou un mauvais remède. Encore le peuple ne sait-il pas bien de quoi il souffre, si ce n'est d'être peuple : et quant au moyen de cesser de l'être, comme il n'y en a pas, ceux qui lui font promesse de succès pour obtenir ses suffrages, vont sciemment contre la volonté populaire.

Les législateurs ont été des ingénus de cabinet vivant trop loin de l'humanité et jugeant d'après eux-mêmes ; nous avons vu Aristote baser l'État sur la vertu du citoyen : l'homme vraiment psychologue basera, au contraire, la vertu de l'individu sur celle de l'État, car l'État possède la conscience et la force.

Il résulte de dix-neuf siècles d'expériences que le mode électif, restreint à un très petit nombre d'individus, donne les meilleurs résultats ; la liste des papes et la constitution du clergé, voilà des faits indéniables. Il est ridicule de voir les évêques nommés par l'État, et les curés par les évêques. Les délégués des paroisses doivent nommer l'évêque et les paroisses elles-mêmes le curé et surtout les inamovibiliser. Tel qui serait évangélique, si sa carrière était fixée au début, perd toutes ses vertus, par ambition.

Il ne devrait pas y avoir d'avancement parmi les prêtres ; la science ou les vertus seulement les devraient faire sortir de leur fonction première. Le dernier vicaire peut autant dans la moisson divine que le richissime curé de la Madeleine.

La propagation de la Foi devrait s'opérer à Belleville, à Grenelle, plutôt qu'à Tombouctou ; il est indifférent à la civilisation que le nègre adore Jésus ou son grigri, et il serait très nécessaire de convertir d'abord la capitale du *Gesta Dei per francos*.

En outre, le cardinal Lavigerie, organisant des moines armés contre l'esclavage dans un pays où il y a la légion étrangère et les compagnies de discipline, me paraît un simple farceur !

CONCORDANCE CATHOLIQUE

ARCANES QUARTODÉNAIRES

LXLVIII

Ce qu'on appelle idée n'est que la perception de la Providence ; et sentiment, la perception du Destin agissant sur la volonté.

LXLIX

Il y a science possible, dès qu'il y a phénomènes réguliers, il y a donc une science politique : mais Machiavel ne l'a pas connue, ni aucun des immoraux, car il ne percevait que le Destin ou harmonie serielle, cause troisième, succedané de la Providence.

LXLIX

Garder et Prendre, voilà les deux verbes sociaux. La bourgeoisie veut posséder et le peuple jouir, dans un pays où l'éducation n'est plus appropriée à la constitution.

Le symptôme capital de la décadence ne paraît pas dans la mécréantise des citoyens mais dans l'ignominie d'État : le pouvoir triomphe des mauvais citoyens, mais non pas les bons citoyens d'un mauvais pouvoir.

C

Le Tiers État ne doit être que le Tiers État, mais Louis XIV n'est pas plus l'État que le prêtre n'est l'Eucharistie, il est l'officiant de la Providence. Il faut bien se l'avouer, le prêtre catholique fût-il un saint ne remplit pas entièrement le personnage du sacerdoce antique, égyptien, babylonien ou brahmanique.

Les plus anciens hiérarques du monde étaient les plus savants de leur race ; et pendant tout le temps qu'a duré le blasphème de Renan, personne du clergé ne l'a combattu avec une écriture et une érudition aussi aisée et prosélytante. Les prestiges de la haute culture ont passé aux laïques ; mais ce n'est certes pas un bon prétexte pour dissocier la morale de la religion.

CI

Fermée, la caste contredit à l'expérience : les génies naissent de Pœnia la Nécessité, comme Éros.

Héréditaire, la caste contredit à l'expérience : la cérébralité ne se transmet pas.

Mais si la caste est ouverte à quiconque la mérite et seulement à celui-là, elle est juste.

Il faut des distinctions entre les hommes ; mais la richesse sera toujours la pire ; la vertu incertaine, l'œuvre évidente.

CII

Une législation se compose d'une base providentielle ou de grande harmonie, principes immuables — et d'idyosincrasies ethniques, et chthoniennes.

On pourrait dire presque la même chose de la religion. Mais l'histoire à la main, la durée des civilisations dépend de leur quantité providentielle : les théocraties ont près de cinq mille ans, et là, c'est la religion qui apparaît le principe de longévité.

VIII

LA QUALITÉ OU DE LA PERVERSITÉ

> Le péché contre le Saint-Esprit est irrémissible, parce qu'il comporte la délibération, la persévérance et la théorisation.
>
> COMMENT ON DEVIENT MAGE.
>
> La passion devrait être la réalisatrice d'une idée, non pas sa génératrice.
>
> COMMENT ON DEVIENT FÉE.
>
> Pour que Dieu entre dans une âme, il faut que tout en sorte et qu'il y soit seul, car il est le vrai tout.
>
> COMMENT ON DEVIENT ARISTE.

Le socialiste est souvent illettré, l'anarchiste toujours ignare : pauvres ouvriers qui sont allés aux cours du soir, studieux enthousiastes mais sinistres, sortes de Robespierre pleins de pitié vague, rêveurs obtus d'un Eldorado de romance, métis de Béranger et de Barbès, honnêtes et doux dans l'intimité, formidables dans leur folie, car l'insuffisance de la culture engendre les fous et les destructeurs : tels ils apparaissent. J'ai vu une partie des jeunes intellectuels se grimer selon ce vilain personnage, l'anarchiste ; je vais le peser dans cette même balance où j'ai pesé la Nation.

Pour le vulgaire, Anarchie est synonyme de désordre ; pour le lettré, Anarchie, sans principe αν Αρχη est l'opposé de Synarchie συν Αρχη. Celui qui emploie anarchie en bonne part et en nomme une théorie, est un inconscient.

Pour le théoricien de cet aliénisme, anarchie veut dire négation de l'Autorité. J'entends qu'on la veuille changer de mains, d'orientation, mais la nier ? La Famille, la Propriété et la Religion, sont tuées d'un même coup. « Ils veulent, dit l'un d'entre eux — que l'homme et la femme soient libres de se donner et de se reprendre quand il leur fait plaisir. » Le Directoire fut austère auprès de cette formule. En voici une autre : « quand un individu se sentira lésé dans son autonomie, dans ses jouissances, il faudra que tous les individus en ressentent la même atteinte, afin qu'ils puissent y remédier. » Voyez-vous Sganarelle : « Quand je ne dors pas, j'entends que tout le monde veille à la maison. »

IV. — LE LIVRE DU SCEPTRE

Dans le programme, on s'empare des magasins, de l'outillage, du sol, on détruit les paperasses, le cadastre, et puis on s'étonne que l'armée soit bénie et comme sacrée pour ceux que l'on menace ainsi.

On ne nous dit pas ce qu'il adviendra des bibliothèques, il y a là des paperasses qui sont les titres de la vraie noblesse et de l'implacable hiérarchie, il y a la logique, l'histoire et l'analogie scientifique qui condamnent la folie d'en bas comme l'égoïsme d'en haut.

Parfois un aveu tel que celui-ci : « il faut s'affranchir intellectuellement, avant de s'affranchir matériellement. » Pauvres gens, qui mettez d'abord le génie en tête de votre évolution, et qui dites ensuite : « comme tous les autres animaux, l'homme n'est que le produit d'une évolution, » et peu après : « l'ouvrier pourra-t-il satisfaire tous ses besoins intellectuels ? » Alexis Bouvier et Yvette Guilbert, voilà les besoins intellectuels de l'ouvrier. « La société nous entrave ; culbutons-la, » voilà la conclusion de ces théoriciens qui veulent ruiner l'armée, et abandonner les colonies.

Mais ils cimentent les bases de la caserne et forcent à garder les colonies pour les y déporter.

Comment ! ils déclarent une guerre acharnée, ils ne concèdent rien et ils s'étonnent que la bourgeoisie se défende, alors qu'elle ne peut rien espérer si elle est vaincue ?

Ils peignent comment se commet l'iniquité coloniale, sans réfléchir qu'ils décrivent exactement le régime révolutionnaire et que le peuple en révolution est aussi brutal que l'armée.

On ne peut oublier l'expérience personnelle en ces matières ; j'avoue avoir employé en province des ouvriers honnêtes. A Paris, l'ouvrier m'a constamment et toujours volé : vantard, prétentieux, insolent, cet être, auquel il faut sacrifier la civilisation même, s'infatue de la qualité d'emballeur ou d'ébéniste, comme jamais duc de ses trèfles ; quand il travaille pour vous, il daigne, mais le prix de son temps, le dérangement de cette personnalité, cela ne peut se payer : quatre francs pour la pose d'une targette, deux francs pour un coup de vernis sur un angle de piano, et encore s'ils n'ont que la rue à traverser pour venir chez vous ; je n'ai eu à demander que des détails, mais au taux moyen ils estiment une heure de leur temps environ huit francs. L'ouvrier n'est pas malheureux dès qu'il travaille : il faut réserver sa pitié pour l'ouvrier vieilli.

L'anarchiste n'est lucide qu'à guetter les fautes de son ennemi le bourgeois : il lui reproche d'avoir sapé la religion par la science, le mariage par le divorce, et la propriété foncière par la suppression de l'aînesse et du majorat, il lui rappelle à quel prix d'assignats les biens dits nationaux lui sont échus.

L'anarchiste comprend parfaitement que le suffrage universel est comédie ; mais il retombe vite dans l'aliénisme : « les individus ne doivent être soumis à d'autre règle que celle de leur volonté. »

Autant dire que l'individu est roi parmi trente-six millions de rois, pour la France : car les lois n'ont d'effet que si ceux qui les ont acceptées veulent bien s'y conformer. L'idée de Dieu inspirant aux magistrats le verdict, pouvait les guider, mais pour l'anarchiste, Dieu est un bonhomme quelconque : et la société n'a pas droit de répression contre le voleur « ce bourgeois sans capital. »

Prenez n'importe quel opuscule de propagande, vous n'y trouverez pas une seule vue rétrospective, le passé leur paraît un simple conflit entre le capital et l'ouvrier, et ils demandent des comptes, pour les gâte-mortiers des Pyramides : c'est bien une caste qui parle, c'est l'antique paria devenu démagogue et qui révèle son indignité par la déraison de son rêve.

L'avenir l'annonce en un idéal de bonheur, de

jouissance, de liberté — le complet épanouissement de l'individu. Même sur le papier, leur incapacité éclate ; ils voient les abus, ils les flétrissent, ils concluent à tout détruire ; mais un plan de reconstitution sociale, voilà ce qu'ils sont incapables de fournir. Fétichistes du futur, ignorants du passé, ils rêvent un branle-bas qui finit en apothéose.

En face, le Fafner bourgeois, accroupi sur son or qui glisse constamment de ses griffes et coule dans ce gouffre sans fond nommé État, attend son salut de l'armée : sans songer que l'armée d'aujourd'hui peut devenir insurrectionnelle, au moindre revers gouvernemental.

La nation armée, voilà le danger socialiste, sous sa vraie forme. Aristote insiste sur la nécessité de ne pas armer le peuple, de faire des guerriers une caste spéciale ; malgré que les conseils de guerre fonctionnent toujours et que le petit soldat criblé de balles contre un mur ne fasse pas grand bruit en tombant, il y a maintenant dans l'armée trop de nerveux, de savants et d'artistes, qui, d'eux-mêmes, lors de la guerre, se seraient engagés, et qui, n'ayant vu que le mécanisme militaire, sans la fièvre du péril, y entrent en rechignant et en sortent enragés.

A cette heure, l'anarchie n'aurait pas une

plume à son service, si on n'avait pas forcé des mains qui écrivent à faire le salut militaire à des hommes qu'ils tiennent pour leurs inférieurs.

L'opinion attend une *case de l'oncle Tom*, où le négrier sera un adjudant : je l'ai vu de très près, au Dôme Central, à l'Ambigu, au Parc à Bruxelles : Sinnakirib, dans *Babylone*, a paru odieux à tous, même aux officiers ; or, Sinnakirib est simplement le parfait militaire avec une mitre au lieu de casquette.

D'un autre côté, la librairie Hachette, dans son agenda si répandu, n'a donné, par ordre du gouvernement, que des éphémérides napoléoniennes. Depuis deux années, l'opinion bourgeoise, par réaction, fait de l'apothéose Bonapartiste, sous toutes ses formes.

La bourgeoisie, en donnant de trop vifs exemples de cynisme, a discrédité la morale : le peuple a cru qu'elle était un joug, puisqu'on la proposait sans la suivre.

Il est dans l'intérêt de tous que le plus habile commande, mais il s'est trouvé que le plus habile a été tout le monde, et quand l'opinion a vu le pouvoir transformé en caravansérail et les ministres se succéder comme les domestiques dans une place difficile, le prestige du commandement a disparu, entraînant avec lui la notion d'obéissance.

Il faut disposer de la vie des êtres pour les faire obéir sans qu'ils consentent, comme à l'armée où la terreur est l'unique serre-file ; mais, civilement, il n'y a pas de conseils de guerre et, dès lors, le citoyen rechigne à l'obéissance quand il méprise son maître. Or, le mépris des fonctions publiques a dépassé celui de toutes les décadences.

Un ministre n'est rien ou quelque chose de malhonnête à l'énoncé ; mondainement, ce n'est pas même un numéro d'attractions que la présence de députés ou de sénateurs.

Le pouvoir est déshonoré et les concussions ne suffisent pas à l'expliquer ; car, à côté de leurs scandales, quelques hommes, de ceux qui ont touché récemment au pouvoir, avaient une puissance d'application assez forte, et la façon dont ils ont mené leurs affaires au détriment de l'État les relève de l'accusation d'imbécillité. Ni le public ne sait pourquoi il siffle, ni les auteurs pourquoi ils sont sifflés. C'est qu'ils sont, ces bons bourgeois des portefeuilles, des anarchistes sans le savoir, et la plèbe ne fait que les suivre : ils sont sans principe, ils ne savent pas le métier, ils n'entendent rien, ni à l'homme, ni à son histoire, ni à son évolution ; les ouvriers se disent qu'ils en feraient bien autant, parce que, en effet, on fait « du sale travail » au Palais Bourbon.

L'instinct de la foule l'avertit que le Pouvoir n'a aucune méthode et qu'il va à la cape.

Si des hommes représentant la plus haute culture de leurs temps avaient parlé au peuple sans rien accepter de lui, en refusant de le représenter, peut-être se serait-il formé un parti ouvrier honnête : mais entre la flatterie et la remontrance, un instinctif n'hésitera jamais, le peuple est condamné à l'erreur, sans recours, sans espoir ; heureux ou malheureux, suivant qu'il aura de bons ou de mauvais maîtres.

L'esprit de synthèse ne se développe pas à volonté : c'est un don et l'application ne saurait y suppléer. Chargé d'écrire l'histoire de la maison de Brunswick, Leibnitz fit son *Codex juris gentium*. A la maison de Brunswick il rattache l'histoire d'Allemagne, puis l'universelle, enfin celle de l'homme et de la planète. Parti des petits faits d'une maison princière, il médita sur l'état primitif du globe. Le premier il appliqua la philosophie à l'histoire ; mais Pascal avait dit avant lui : « Toute la série des hommes, dans l'espace de tant de siècles, doit être considérée comme un seul homme, qui subsiste toujours et apprend sans cesse. »

Quel changement : du fatalisme de Thucydide à Vico, de Bonald à d'Olivet !

Ce dernier, en découvrant trois principes virtuels dans l'humanité : la loi préétablie, physique, morale, abstraite, comme dans l'homme même, donna le premier, une solution au problème. Il y a une loi supérieure que la volonté peut contrarier ou suivre. Quand l'homme repousse la Providence, la parole est au Destin, c'est le poids du passé, la force acquise qui vient briser la volonté et venger la Providence.

L'homme et l'humanité sont libres d'adhérer au plan répressif ou au plan providentiel. « Nul n'est censé ignorer la loi » est vrai, hélas, au sens supérieur. L'imprudent, l'étourdi, sera frappé comme un coupable. On a trop conçu l'intervention divine semblable à l'advenue *d'un Deus ex machinâ* au travers des événements.

Cela est plus caché et plus terrible ; on sait qu'une cloche mal frappée se brise ; ainsi l'événement déjoue les desseins de l'homme, le blesse et le déçoit. « L'homme s'agite et Dieu le mène », c'est-à-dire qu'il s'agite dans des conditions rigoureusement prévues. Prenons un corps solide et jetons-le en l'air, il obéira aux lois de la pesanteur ; au feu il subira les lois caloriques ; prenons même l'animal en rapport avec les quatre éléments, il est libre de ses mouvements et peut courir, mais dans une certaine mesure : nager, mais seulement un certain temps : résister à l'air, mais cela dépend de son espèce, comme pour le feu.

Ainsi, l'homme, qu'il s'élève jusqu'à l'extase ou se ravale jusqu'à l'instinct, rencontre à chaque mouvement de l'âme, une loi aussi absolue que celle de son aérostat, de ses explosifs ou de sa navigation.

Celui qui fera le parallélisme de la Norme métaphysique et de la Norme physique sera, sinon le plus grand, du moins le plus utile des hommes.

CONCORDANCE CATHOLIQUE

ARCANES QUINTO-DÉNAIRES

CIII

Il faut être ignare ou fou pour écrire en bonne part le mot d'anarchie.

On devrait condamner les proférateurs à l'organon d'Aristote ; et si cela ne les éclairait pas, les dépêcher à Charenton.

Attaquer la Famille, la Propriété, le Mariage et la Religion, c'est violer à la fois la Providence et le Destin, — et mériter plus que la mort et plus que l'enfer.

Il y a mille façons d'entendre ces institutions et de les réformer; mais sans elles, l'humanité descendrait plus bas que le point d'où elle est partie.

CIV

Une vérité absolue se mêle au fatras socialiste, l'idée de solidarité entre les peuples, l'internationalisme, la déchéance de la Patrie de sang et de dévastation : et aussi la revendication de l'habeas corpus.

Mais, comme les Titans d'Eschyle, ils ne veulent pas écouter les conseils de la Prudence, ils répètent aux bourgeois qu'on ne fera aucun quartier et ils s'étonnent que la bourgeoisie se réfugie sous l'égide de l'armée. Leur peinture de l'iniquité coloniale est identique au programme de leur triomphe.

CV

L'anarchiste et le socialiste même est semblable à un homme qui, trouvant la maison mal distribuée, voudrait la détruire au lieu de changer les cloisons et de fermer ou d'ouvrir quelque baies.

CVI

A cette heure, l'anarchie n'aurait pas une plume valable à son service, si des hommes supérieurs n'avaient passé par la caserne et n'en étaient sortis énergumènes.

Les libelles anarchistes n'auraient pas un lecteur si les hautes fonctions de l'État n'avaient été déshonorées, moins par les vices des individus que par leur ignorance politique.

CVII

La science politique s'obtient par une équation entre le phénomène physique et l'hypothèse métaphysique qui est nécessairement une parallèle : il ne s'agit que de transposer des rapports identiques, — en force, en essence différentes.

IX

LE TEMPS OU DE L'IMPUISSANCE

> On ne ment pas en assurant que la foi transporte des montagnes, si la foi est proportionnelle aux montagnes.
> COMMENT ON DEVIENT MAGE.
>
> Le consentement diminue l'homme, non pas l'événement.
> COMMENT ON DEVIENT FÉE.
>
> La vie doit être voulue dans la direction et consentie dans les modes.
> COMMENT ON DEVIENT ARISTE.

Les médecins qui traitent le symptôme, au lieu de la diathèse, sont des ignares, ainsi les politiques qui remédient, même de leur mieux, aux différents soubresauts d'une décadence. Il faut envisager le passé d'une maladie pour diagnostiquer l'état présent, et telle médication qui eut jugulé le cas morbide à son début, aggraverait à une stase plus avancée.

Socialement, le meilleur parti est celui possible. Pour fonder, il faut une grande force, une plus grande audace ; au contraire, pour conserver on doit se tenir dans le mode tempéré.

Actuellement, il y a trois forces en France ; l'armée, seule péremptoire, l'antagonisme de la bourgeoisie et du peuple, enfin, pour mémoire, l'opinion.

La bourgeoisie se fie sur l'armée, mais elle oublie que la nation entière est armée, et que l'envers de la prochaine guerre sera la révolution : le jour où l'étranger occupera beaucoup de fusils, il s'en trouvera un grand nombre qui profiteront du moindre revers, pour mettre le désordre à profit. Aujourd'hui, Sedan se doublerait d'une anarchie bien autre que la Commune. On a tué la résignation, on assomme le peuple de ses droits, si bien qu'il y croit, et c'est le dernier fanatisme.

Comment les bourgeois ont-ils poussé la niaiserie jusqu'à établir l'instruction laïque : sans religion, la vertu devient une simple stupidité : si la mort est vraiment la finalité de la vie, la résignation n'a pas de nom honorable. Il se présente dans la vie de chaque être plusieurs occasions de pécher avec impunité : bref je ne connais pas un être moral sans religion.

Le citoyen d'aujourd'hui n'a plus de vertu ; il faut le gouverner par ses intérêts immédiats, car l'intérêt réel à longue portée ne se voit plus poursuivi ni compris.

M. de Bonald, le plus lucide des écrivains théocratiques, envisage trois personnes sociales :

Pouvoir, Père, Dieu, roi, Royauté, Destin ; — Ministre, mère, prêtre, féaux, Noblesse, Providence ; — sujet, enfant, fidèle, peuple, Tiers-État, Volonté. Parti d'un point différent, il arrive à la même équation que d'Olivet : il a suivi notre même prodrome de la famille, archétype social.

Personne ne contestera que si le Roi était paternel, les ministres maternels, et les sujets filiaux, tout serait pour le mieux ; mais quand les sujets, les enfants, le peuple, ont été livrés à leur volonté ils n'ont fait que des ruines. A ce prix sont-ils restés libres ? la Révolution a malmené plus de chiffonniers qu'il n'y a de jours dans l'année ; la lunette de la guillotine n'encadrait pas seulement des têtes de ci-devants et de calotins.

Le fait actuel a une formidable précision, le sujet, l'enfant, ne veut pas de père, de roi, il nie le Destin, la Moire Nécessité : le fidèle ne veut pas de prêtre, il est à soi-même son propre culte et nie la Providence; il lui reste sa Volonté, cela suffit pour mal faire, non pour exister. Leibnitz, qui était un autre cerveau que Stirner, écrivait à la fin du xviii° sièle :

« Ceux qui se croient déchargés de l'importune crainte d'une Providence surveillante et d'un avenir menaçant lâchent la bride à leurs passions brutales et tournent leur esprit à séduire et à corrompre les autres : et s'ils sont ambitieux et d'un caractère un peu dur, ils seront capables, pour leur plaisir ou leur avancement, de mettre le feu aux quatre coins de la terre, et j'en ai connu de cette trempe... »

On appelle loi le résultat des rapports naturels entre les êtres : or, le premier rapport entre les êtres c'est leur hiérarchie, leur inégalité.

Assistez à un conseil de révision et vous verrez que les hommes physiquement ne sont pas égaux : regardez autour de vous et voyez que votre estime met rarement deux hommes sur un même plan ; enfin, les auteurs de votre bibliothèque ne vous paraissent pas égaux parce qu'ils sont dans le même format et vous pensez qu'un Spinoza est autre chose qu'un Jules Simon. En quoi peut donc consister l'égalité? en un seul phénomène, la vie. Hercule ou avorton, cœur exquis ou féroce, génie ou grimaud, ce sont des hommes, mais inégaux.

Il y a deux côtés à envisager. Imitant l'implacabilité de la nature et de Lacédémone, tuerez-vous l'avorton, l'infirme, le vieillard, traiterez-vous l'individu, selon son utilité sociale ?

En ce cas, l'inégalité s'impose, puisque vous retranchez d'un côté l'inutile et êtes forcé de donner toutes les prérogatives à l'être utile.

Celui qui trouve un moyen prophylactique contre une maladie mortelle n'a pas pour égal l'ivrogne ou même l'honnête débardeur des quais.

Dans l'autre sens de la question, la Société, au contraire, éprouvera une grande pitié pour l'avorton, l'infirme et le vieillard : plus l'être sera misérable et plus elle s'efforcera de réparer l'injustice de la nature, mais c'est ici l'idée de charité aryenne, c'est ici le verbe de Jésus, comblant par la charité les inégalités.

L'égalité ne peut exister que dans le système des castes, entre gens de même extraction ou de même valeur. Dans la constitution française, égalité veut dire supériorité du nombre sur l'élite, de la passion sur la raison et rien autre.

Chaque fois que les demi-savants touchent à la science, comme ils ne comprennent rien au legs traditionnel, ils font table rase et recommencent l'expérience des siècles.

On peut dire hardiment que jamais un principe n'a été proféré depuis la présente république, à la tribune ; la politique se réduit à de l'administration. La France, depuis 1872, est un pays qui liquide : de petites personnalités font des règlements au lieu de lois, et les meilleurs ministres de ce temps seraient peut-être des chefs de bureau dans leur propre département sous Louis XIV, mais rien de plus. L'incessante criaillerie de la représentation nationale et les combats de coq sténographiés à l'*Officiel* témoignent d'une décomposition singulière.

Si la philosophie ou recherche de la vérité a commencé pour l'homme avec la parole et pour l'univers avec « l'écriture » il est étonnant que nous en soyons encore à suivre des lois moitié romaines, moitié soudardes.

« Le code civil » dit de Bonald » est un code de facultés souvent tristes et fâcheuses et non un code de devoirs sacrés et indispensables. Il peut former des juges, des avocats, des plaideurs : il ne saurait faire des hommes vertueux et des citoyens estimables. Il donne les règles du combat entre les hommes et non les moyens de la paix... Le législateur ressemble à un médecin qui, au lieu de donner des préceptes de santé, prescrirait seulement des remèdes contre la fièvre ou le coma... Il faut apprendre aux hommes ce qu'ils se *doivent* les uns aux autres avant de leur dire ce qu'ils *peuvent* les uns contre les autres. »

Le monde moderne n'a point d'autre base que les intérêts, voilà pourquoi, s'il y a révolution, c'est-à-dire changement dans les intérêts en jeu, l'édifice social croule en entier, faute de principe !

Ne voit-on pas cent demi-lettrés et un millier d'ouvriers ignares, écrire et déclamer que tout est pour le pis en ce monde ; qu'il faut renverser, sans avoir aucun plan pour reconstruire ; comme si, autour d'un cerisier démesuré, des enfants voulaient scier l'arbre pour en manger les fruits, sans réfléchir qu'il vaut mieux, avec des gaules, atteindre les branches ou faire la courte échelle et grimper ; en laissant vivre l'arbre, ils pourront revenir y goûter la saison prochaine.

Il y a bien un garde-champêtre qui le leur dit, mais c'est le garde champêtre, c'est-dire le bourgeois, l'ennemi des gars, le bedeau de la propriété.

A vrai dire, le propriétaire de l'arbre ne permettra jamais qu'on lui prenne des cerises et les gamins, barbares instinctifs, pensent plus vivement à détruire l'arbre, pour se gorger une fois. L'arbre sera donc gardé, mais non sauvé.

Il faut l'avouer, les sentiments des classes sociales sont pires que ceux des nationalités ; le patriotisme chôme par instant et on oublie l'étranger, on n'oublie pas un instant son concitoyen ennemi.

Les prolétaires veulent, non pas l'amélioration de leur sort et d'équitables droits, mais tout, accordant à chacun la moyenne générale. Supposons un instant que ces aliénés obtiennent le retour à l'État de toute la propriété, de l'usine et des machines :

La France apparaît une immense caserne. Il n'y a qu'un Patron, l'État, qui nourrit, habille et loge tout le monde : et on donne vingt sous par jour pour les menus plaisirs. Il se trouvera des gens qui se priveront, économisant cinq sous, vendant partie de leur portion, soignant leurs habits, et, au bout d'un mois, il y aura des capitalistes, c'est-à-dire des gens ayant un louis, quand, autour d'eux, la plupart n'ont que cinquante centimes. La proportion d'un louis à un franc est la même que de mille à vingt mille, ou de cent mille à deux millions, ou d'un million à vingt millions. Le capital est irréductible en lui-même.

Toutefois, la Bourgeoisie qui l'incarne n'ayant ni le prestigieux passé de la noblesse, ni le mouvement intelligent de l'or, sera frappée en expiation de ses crimes.

Je crois que le Capital doit être ; mais il est aux mains les plus indignes qui aient jamais profané le signe de la croix; la civilisation n'a aucun intérêt à ce que le raffineur Lebaudy se serve de ses millions pour donner des courses de taureaux ou réjouir la garnison de Fontainebleau. Les bourgeois sont anti-chrétiens et, de plus, ils sont bêtes, leur aventure n'intéresse qu'eux-mêmes : mais le peuple est plus menaçant et plus brute, il menace les bibliothèques et les musées, il méprise les savants et les artistes, des propre à rien.

Si le conflit devait se produire sans saccagement de l'État, il n'y aurait lieu de s'intéresser ni à l'un, ni à l'autre.

L'avidité de la plèbe n'a d'égale que la rapacité capitaliste, ils se valent et le métaphysicien les renverrait dos à dos, sous une considération nette comme une épée : le bourgeois soutient l'ordre social, le peuple le menace. Voilà ce que les socialistes n'ont pas encore compris, espadonnant en paroles violentes.

Leur insuffisance cérébrale ne leur permet pas même de rechercher le nouvel ordre de choses.

Ils vont comme des sangliers, droit sur l'obstacle : ce bel élan ne vaut pas d'être vu, au prix de toutes les ruines. Le peuple poursuit un mirage de ripaille égalitaire, « tout le monde comme moi, tout comme moi ». En vain, il voit des pisteurs de la gare venir voter avec la carte d'un président de Chambre, en vain les listes déposées à la préfecture et celles déposées à la mairie sont différentes, en vain on trouve dans les urnes, deux mille bulletins de plus qu'il n'y a de votants inscrits :

« Vive la République sociale ! »

Les sociétés n'ont jamais vécu qu'à la condition absolue qu'une partie de leurs membres renonçassent à une portion de leurs droits.

L'intimité amicale, amoureuse, conjugale, sociale ne se maintient qu'au prix de perpétuelles concessions que chacun fait à l'idée d'harmonie.

Ceux qui refusent de le comprendre déchirent le pacte social et s'appellent des méchants puérils.

Revendiquer l'impossible n'appartient qu'à des ignares. Les brutes révolutionnaires certes, ne reculaient pas devant l'acte expressif de leurs idées. Le 21 janvier 1793, la France jetait, aux yeux étonnés de l'Europe, la tête sanglante d'un roi ; le 2 août 1802, Bonaparte est consul à vie, deux ans après empereur. La Terreur régularisée s'étendait sur tout l'Occident par les mains françaises. Quel succès pour la déclaration des droits de l'homme et les immortels principes !

Otez les garnisons des grandes villes et vous reverrez, du jour au lendemain, non plus une convention, un semblant de gouvernement, mais l'anarchie. Celui qui, le premier, a écrit ce mot en programme, était évidemment une sous brute alcoolique; ceux qui s'en servent, en sachant ce qu'il signifie, sont des aliénés.

On peut différer sur les principes, non pas sur la nécessité d'en avoir ; si Tolstoï avait dit que la jurisprudence n'est pas la justice, il aurait exprimé une vérité, mais nier la fatalité de l'élément répressif, cela ne ressort pas même de la sophistique mais, je le répète, d'un encéphalisme épouvantable.

L'anarchiste est un fou, la bourgeoisie l'a traité en être conscient et responsable, elle l'a reconnu comme antagoniste, elle a croisé son couperet de justice avec le poignard de Caserio : niaiserie. La maison de fous et la camisole de force, voilà le seul traitement que la société, si elle a foi en elle, puisse infliger à ses agresseurs.

Comment ! MM. les riches se sont moqués de Dieu, et ils s'étonnent qu'on ne garde pas la religion du notable ?

La décomposition morale a suivi la propagande anti-religieuse. Quatorze ans ne se sont pas écoulés depuis la laïcisation des écoles et le pourchas des moines, et déjà la fameuse science pour tous a répondu par les boîtes de Vaillant et de Henry, la conscience latine ayant perdu son balancier religieux.

Vraiment, quand on étudie la décadence française, on s'effare devant la stupidité bourgeoise.

Comment ! Suffrage universel ! École du soir ! *Contrat Social* complet à vingt-cinq centimes ! Bible pour rire, liberté de réunion, liberté de la presse et, au milieu de cette fomentation populaire, aucun enseignement préventif, aucun guide-âne ?

L'ouvrier qui, son travail fini, se met à lire et à réfléchir comme tous les simples, s'éblouit des idées qui surgissent en foule : comme il n'a lu que ce qui flattait sa tendance, il se sent victime, victime séculaire, en passant devant Notre-Dame, il se figure que le mortier ne fut mouillé qu'avec la sueur du peuple.

Puis, il a lu des statistiques, de là son épouvante. Il est certain que les recettes de l'État sont aussi nombreuses que ses dépenses ; et il a conclu à l'abomination, c'est-à-dire à la Révolution.

Ceux qui sont venus lui parler, l'ont flatté. Une assemblée populaire ne permet pas autre discours que l'apothéose du peuple, et celui qui expliquerait ses erreurs, serait assommé. Qui parle au peuple, sinon celui-là qui a besoin de son robuste coup d'épaule pour toucher aux fonctions ? La politique est la plus lucrative des carrières, après le patriotisme. Le peuple n'a donc vu que des quémandeurs et cela n'a pas peu contribué à lui donner une belle opinion de lui-même. Allez dire à n'importe quel ouvrier qu'il n'entend rien à la politique, mais ayez une canne et même un révolver, sinon sa réponse sera péremptoire.

Ainsi, le peuple croit comprendre de quoi il s'agit, quand il choisit un candidat, et rien ne le persuadera de sa propre incapacité.

Une remarque qu'on n'a point faite, et qui a sa portée, c'est que la pauvre littérature sociale a le caractère d'économie politique : on dirait que cette prétendue science a été disjointe de la science du Sceptre, pour permettre aux ignares de disserter sur l'État : en tout cas, cela indique que, par instinct, le peuple s'applique sur le terrain où il pourrait sentir juste ses besoins ; tout le reste n'est qu'un honteux fatras. Or, ses besoins sont physiques ; s'il en a d'autres, il évoluera individuellement.

La civilisation est menacée par une caste plus entêtée que les mules, plus outrecuidante que l'armée : l'ouvrier qui a lu, le serrurier sociologue, le typo économiste.

J'estime qu'avant d'oser formuler une idée générale, il faut connaître le processus de la malière ; or, l'ouvrier, à moins d'être un génie prodigieux, ne comprendra rien aux grands textes du passé. Il lit l'histoire et il croit la comprendre, mais quel est le professeur de faculté qui possède une philosophie de l'histoire? il en ferait un livre et rendrait un colossal service !

Entre le point théocratique de St-Bonnet et ce qu'on appelle aujourd'hui la notion évolutive de Darwin, on ne cite rien. Au reste, dans ces derniers temps, devant la lacune que seule une vie de travaux spécieux peut combler, les socialistes ont déclaré que les morts avaient toujours trop d'empire sur les vivants : et ces prétendus scientifistes ont rejeté d'un coup le seul patrimoine humain, l'arche sainte de la civilisation, l'expérience.

La révolution, moins ignare ou plus pudique, se grimait à la romaine : eux sont simplement contemporains, ils ne veulent rien savoir : ce sont des aliénés. Mais, de même que toutes les fautes d'une femme sont les fautes de son maître, l'homme, la décomposition du peuple est l'œuvre de la bourgeoisie : ils ont donné l'exemple de toutes les vilenies, on les suit, et on les dépassera.

Si la conception sacerdotale du pouvoir, si la compétence de celui qui l'exerce ne sont pas adoptées, il n'y a rien de plus à faire qu'à se garer.

Les lois, s'inspirant de l'événement immédiat, les mœurs perdant même leur hypocrisie nécessaire, le peuple excité à la curée et la bourgeoisie gendarmée âprement, constituent une forme d'agonie, mais non une condition vitale.

Égoïsmes, vanités, appétits, infatuations, rancunes, cynismes, démences, toute la bestiaire de la basse passionnalité hurle et montre ses crocs ; il faut que tout cela soit vaincu par la raison ou par l'invasion, au nom de Dieu ou au nom du plus fort. On ne vit pas de décomposition : l'état actuel n'agonise même plus, il s'enlise en des torsions finales.

CONCORDANCE CATHOLIQUE

ARCANES SEXTODÉNAIRES

CVIII

Le meilleur parti est toujours celui qui est possible ; je ne dis pas celui qui le paraît, car il ne paraît à chacun que sa propre passion, et toute passion est un aveuglement.

Le possible, c'est ce qui est conforme, partie au destin, partie à la Providence.

CIX

Si la mort est bien la finalité de la vie, la résignation des déshérités n'a point de nom honorable. Et il faut gouverner au nom de l'intérêt, par l'intérêt, et immédiat ; or, l'immédiatité des convoitises nie la durée des résultats.

CX

Toute la volonté latine s'emploie à nier le Destin et la Providence.

Si la loi sociale résulte de rapports naturels entre les êtres, elle est d'abord hiérarchique.

CXI

Comme le peuple se trompe, en réclamant l'égalité ! C'est au contraire, au nom de l'inégalité qu'on lui doit aide et secours, parce qu'il est ignare et faible.

Il n'y a que la charité qui fasse de l'égalité.

Bonald a bien vu que le code forme seulement des bourgeois « il donne, dit-il, les règles du combat entre les hommes ».

CXII

Les révolutions naissent toutes d'un manque de principes, parce que nul ne respecte jamais que l'intérêt, seule base et chancelante des États modernes.

CXIII

L'idée de l'État, unique Patron de toute la nation, n'a pu naître qu'au cerveau d'un ivrogne, achevé d'abrutir dans la garde impériale.

CXIV

L'anarchiste est un fou — et la bourgeoisie, qui devient bête quand elle a peur, a croisé le fer du bourreau avec le poignard de Caserio, elle a donné l'échafaud au lieu de la douche, elle a donc reconnu la qualité d'adversaire à son contempteur.

Quatorze ans après la laïcision, la dynamite fait son apparition, comme opinion.

CXV

Collectivement, le peuple n'a que des besoins physiques. Individuellement, il a les droits de sa capacité, non pas celle qu'il se trouve, celle qu'il prouve, par l'œuvre.

X

LE LIEU OU DE LA GLOIRE

> La gloire, c'est la volonté de l'homme épousant la lumière et lui donnant un fils, c'est-à-dire une œuvre.
> COMMENT ON DEVIENT MAGE.

> La gloire est toujours un risque d'âme et un destin satanique comme toute témérité.
> COMMENT ON DEVIENT FÉE.

> Tout acte partial en faveur d'une race est un crime de lèse-humanité.
> COMMENT ON DEVIENT ARISTE.

Les peuples n'ont point d'autre gloire que leurs crimes ; voilà ce qui résulte des manuels classiques, voilà ce qu'élève si haut la colonne Vendôme et le Dôme des Invalides, voilà ce que proclame l'Arc de triomphe et les plaques des rues : et la lyre de Victor Hugo comme la couverture du cahier écolier le propagent.

Vous trouverez quelques personnes au faubourg Saint-Germain qui réprouveront l'illégitimité du Corse; beaucoup de démagogues vitupèrent la tyrannie intérieure de l'empereur-bandit : pas un Français n'osera cracher sur la colonne, et quand des énergumènes la brisèrent par un éclair de raison, on se hâta de la reboulonner.

Napoléon est la gloire de la France, voilà l'opinion totale du pays : il faut donc avouer qu'il n'y a plus ni morale, ni justice en matière nationale et que la Patrie ne prend son orgueil que des crimes commis en son nom, comme une courtisane s'auréole des désastres qu'elle inspire !

Si j'écrivais : socialement, la Patrie, c'est le mal, j'aurais l'air de copier Proudhon et je n'exprimerais pas ma pensée.

Si on appelle Patrie les bonnes mœurs, les poétiques coutumes, les découvertes scientifiques, les œuvres de pensée et d'art, enfin ce qu'on admire chez le saint et le génie, je serai trop heureux qu'on m'accueille en cette excellente compagnie et j'ai le plus vif amour pour la patrie de Racine, de Descartes, de Berlioz.

Si on appelle Patrie depuis l'incendie du Palatinat jusqu'au pillage du Palais d'Été, et les campagnes du Corse, comme les guerres coloniales d'aujourd'hui, je dirai fortement que la compagnie des brigands m'est insupportable et que je n'envisage pas l'enfer différent de cette Patrie.

On m'objectera que tout cela est bloc et ne saurait se diviser : que la guerre est une fatalité et qu'elle entraîne des abominations inévitables.

J'accepte l'assertion, mais je demande que la guerre soit en effet tenue pour une fatalité et que ses abominations ne me soient pas proposées pour sublimes.

Devant le métaphysicien, qui, lui, ne s'aveugle pas de passions nationales, le château d'Heidelberg représente autre chose que les lauriers de M. de Turenne ; et enfin, que nous veut-on avec ces prétendus grands hommes de la guerre ? Ils ont vécu au milieu des trompettes, vêtu de chamarres, ils ont eu toutes les femmes bêtes et gouges de leur temps ; l'Église a aspergé leur cercueil de paroles que n'entendent pas celui des génies.

Et on demande encore pour eux un tribut d'admiration ? Ils furent braves : le dernier Turco l'est autant qu'eux, plus qu'eux, car il réfléchit encore moins.

J'étais au bord de la mer lors d'une visite d'escadre et j'allai avec la foule voir ces prisons flottantes, j'échangeai quelques paroles avec divers matelots, je leur parlai de péril ; et leur réponse équivalait à l'acte d'un être simple qui donnerait un diamant ou une salière de Cellini, contre un paletot, non par nécessité : par préférence. *Ils ne concevaient pas un meilleur emploi de leur vie;* dois-je tomber en génuflexion devant eux pour cela ! Je leur expliquai l'incessante préoccupation du travail intellectuel, les nuits passées à écrire, enfin ce que je m'impose moi-même. Et ils préféraient leur bord, et même la gueule des poissons.

Voilà donc des êtres si malheureux que je ne pourrais subir leur sort un jour seulement, et qui ne pourraient pas s'accommoder au mien.

Ce qu'on appelle vertu militaire est une propension naturelle de l'homme instinctif; il n'y a qu'à voir jouer des enfants : ou ils font les Robinson Crusoë, ou ils font les soldats. Les Bretons sont très obtus et rudimentaires, on les choisit, je crois, pour réprimer la Commune; les Allemands, en 1870, avaient une peur folle des Turcos; la cavalerie cosaque paraît autrement redoutable que les hussards français... Tout cela, en raison de la sauvagerie.

Mon wagnérisme n'est pas douteux; cependant, le héros chéri du maître, le fils de Siegmund se révèle une rayonnante brute : si c'est là le héros, il est doux de ne pas l'être. Belle chasse que la chasse au monstre, mais il n'y a que les femmes qui prennent un bras pour un homme et un inconscient pour un héros.

La gloire appartient également à la vertu et au crime, encore connaît-on plus généralement les Cartouche que les Spinoza ; celui qui écrit des insanités colossales est assuré de vivre par la réfutation qu'on en fera ; et je n'aurais pas lu l'inepte *Contrat social*, si M. de Bonald ne le citait incessamment.

Ainsi la Renommée, immorale en soi-même, perpétue tout ce qu'il y a d'éclatant, que ce soit la torche de l'incendiaire ou le flambeau de la science : mais la morale exige qu'on sépare les exemples du scandale, et l'odieux, de l'admirable.

Le maréchal Suchet garde sa statue à Lyon ; cependant, sur l'ordre de la Convention, alors qu'il était commandant, il détruisit de fond en comble un village qui avait déraciné son arbre de la liberté.

Il faut avoir entendu un vieux général, entouré de sa famille, ses petits-enfants sur ses genoux, débonnaire et patriarcal, vous raconter ses crimes, avec de bons gros yeux d'enfant, pour comprendre l'âme militaire : moins féroce que celle des enfants, elle est même plus simple. Ce bonhomme, éclatant d'honnêteté, délicat et soumis envers sa femme, papa-gâteau pour ses enfants, le plus adorable père de famille, a fait violer, par ses soldats, des vierges sous l'œil des parents attachés à des poteaux : cela se passait en Orient ; dans les guerres d'Occident, il ne violait qu'en personne et pour son compte. Il a brûlé des bourgs, incendié des forêts, rançonné des populations ; le casier judiciaire réuni de tous les bandits annuels qui passent aux assises de son pays n'arriverait pas au total de ce vieux général, bon père, même bon époux, exquis grand-père, ami sûr et cœur sensible, et qui ne veut pas manger d'une poule qu'il a vue vivante. Cet homme irresponsable, je ne veux pas l'incriminer, la société lui a fait l'ablation de la conscience, la nation de Patrie l'a opéré d'humanité, mais quant à saluer en lui une grandeur quelconque, non, je serais pis que lui-même ; car j'ai, pour ma douleur et ma gloire, une conscience complète, qui ne s'arrête pas à la frontière.

N'est-il pas de notoriété publique, que le médecin militaire, forcément l'homme le plus cultivé du régiment, est méprisé par le corps des officiers et que leurs femmes ne voient pas sa femme. L'expression célèbre de la campagne d'Égypte montre bien quel est le sentiment militaire : « Messieurs les ânes et messieurs les savants, entrez dans le carré. » Nul doute que

Kléber, aux yeux de ces gens-là, ne soit un bien autre héros que Champollion, et que *l'Introduction à l'histoire du bouddhisme indien* paraisse au ministre de la guerre une vilenie auprès du moindre rapport d'état-major. Heureusement, la gloire dépend de l'écrivain, lui seul en dispose et la génération qui vient, ayant été en contact avec l'armée, va briser à jamais son prestige ; si une nation qui n'a plus un demi-siècle de durée est finie, la gloire nationale s'éteint, l'humanité s'éveille dans les esprits et une solidarité, inconnue jusqu'à ce jour, pousse les intellectuels à regarder par dessus le mur national, et quoique le mur soit très haut, en se haussant, on aperçoit la vérité derrière.

La gloire nationale, immoralité : la gloire politique, aussi : je ne me lasserai pas de le répéter, jamais un profit ne constitue une justification ; ni le machiavélisme, la moindre habileté.

Les plus grands des hommes sont les fondateurs des religions, les Manou, les Moïse, les Zoroastre, les Orphée, les Çakya Mouni.

Après eux, viennent les philosophes et les théologiens, les Khrishna, les Confucius, les Pythagore, les saint Paul, les Platon, les Aristote, les Plotin, les Descartes, les Spinosa :

En troisième ligne, les grands poètes cycliques,

les Vyasa, les Valmiki, les Homère, les Virgile, les Dante.

Puis après les autres poètes individualistes et les grands artistes, il serait convenable de placer les savants.

On s'étonne de ne pas voir ici les hommes d'État : mais, semblables aux hommes de guerre, il n'ont cherché, pour la plupart, que le bien d'un État et non celui de l'humanité, c'est-à-dire le vrai bien. Au sens Machiavélique, Talleyrand, Fouché, ces hommes d'État, sont des hommes de fait, non pas de lumière.

Qui disconvient à la nécessité d'une morale, et cependant, qui donc songe à moraliser la gloire ? Certes, on s'opposerait vainement, en l'état de publicité où nous vivons, au bruit que font les méchants. Mais quand la Société agit avec sérénité et longtemps après la mort d'un homme, il faudrait se demander ce qu'il représente pour l'humanité et quelle reconnaissance l'espèce lui doit ?

Ce sont les partis qui décernent les couronnes et attribuent le marbre : la statue de Danton, la statue de Marat, la statue de Gambetta sont des ex-votos de la démagogie, comme la statue de Thiers à Saint-Germain l'est de la bourgeoisie.

La catégorie la plus insigne, sans examen, est

celle qui s'élève au-dessus des passions et des localités. Le savant, le penseur, le poète et l'artiste sont l'honneur de l'humanité ; ils n'appartiennent pas plus à une race et à un lieu que les astres à ceux qui les observent. Leverrier serait honoré également chez tous les peuples, comme Leibnitz ou saint François de Sales, tandis que l'Europe maudit Napoléon que la France honore, et la France vitupère le maréchal de Moltke, que l'Allemagne vénère.

Je l'ai dit ailleurs, et quand une formule est juste, on ne peut que la répéter, la varier serait faiblesse :

« La vraie gloire est consentie de tout l'univers, la fausse gloire est consentie d'un parti seulement, et tout parti est une erreur, parce qu'il est une passion. »

Rome a déformé le génie latin ; mais Athènes a été l'éducatrice de tous nos grands hommes, et même aujourd'hui la Bible, déchue de son mystère et de son caractère d'unité religieuse et d'archétype du livre, gardera son prestige pour avoir nourri de sa substance expressive les Bossuet, les Pascal et les Racine.

En dissociant l'idée du bien et celle du beau, pour le plaisir de quelques cafards protestants, on a blasphémé la vérité sainte.

La nudité est auguste et sublime dans l'art ; la volupté n'est ni infâme ni inutile à l'œuvre de bien : c'est un thème inférieur mais constitutif de l'évolution humaine ; qui s'y attarde se perd, qui l'ignore, se déperd peut-être.

L'abomination réside dans le désordre, mais quelle chose si sublime et bénie n'est pas susceptible de désordre? le Beau et le Bien sont identiques, et la gloire n'est pas nécessairement immorale, si les intellectuels seuls la décernent.

Toute action a deux termes, le but et le succès. D'admirables efforts souvent restent inanes ; d'autres fois le succès amène le bien qui manquait à l'action.

Si la pensée avait assez de force pour suivre la parabole dont plusieurs événements ne sont que les points médians, on verrait que l'homme mêle de désastreuses impudences à la loi d'harmonie : il en retarde l'effet, il ne saurait le diminuer.

Les êtres exquis ne se prodiguent pas ; ils seraient désespérés de plaire généralement et vivent pour quelques-uns de leur race ; ainsi les vrais génies n'ont point d'apothéose même après leur mort, mais leur pensée s'incorpore à la pensée humaine ; tel redit une formule aristotélique, tel autre produit une assertion platonicienne, qui ignore l'œuvre de ces magnifiques esprits.

Mais, du moins, ceux qui les lisent, les honorent d'un culte semi-divin et la vraie gloire ne peut être que de former des hommes à l'idéalité et de servir de truchement entre une époque et l'éternité.

Le jeune homme obéit à la sollicitation du bel exemple, comme à une voix d'en haut : la noble pensée le purifie.

Le sublime cornélien plaisait au Bonaparte et cela suffit pour abaisser Corneille : il trouvait dans les Horaces un enseignement pour ses casernes.

Le zèle de l'écrivain doit paraître, actuellement, à substituer partout le principe d'humanité à la nation, et à réserver sa louange pour les seuls actes d'humanité.

Imitation de Jésus-Christ, telle la devise des chrétiens ! Eh bien ! le Sauveur ne vint pas pour la Galilée, ni pour la Judée, il vint pour l'univers et même pour l'incroyant, il fut un bienfaiteur du genre humain. Au contraire, Mohammed vint armer une race inférieure et la lancer contre toutes les autres, et Mohammed est un malfaiteur comme Odin : Islamites et Goths sont les ennemis de Dieu, de la Raison et de la Vérité.

La vraie gloire, pour me servir d'un mot actuel, est internationale : si une frontière la borne elle n'existe plus. Tant que l'Allemagne sera fière de de Moltke et la France de Bonaparte, ces pays auront un sentiment de sauvage.

La paix, voilà la seule harmonie ; et l'harmonie la seule vérité ; et la vérité la vraie gloire, par la si brillante identité du moral et de l'esthétique, du Beau et du Bien.

CONCORDANCE CATHOLIQUE

ARCANES SEXTODÉNAIRES

CXVI

A la façon officielle d'écrire l'histoire, un peuple n'a guère d'autres gloires que ses crimes ; on loue unanimement dans une nation ni ce qu'on abominerait dans l'individu.

Dans la société civile, le vol est fort puni : il devient légitime de pays à pays. On m'objectera que telles sont les fatalités : soit, mais parlons-en avec désespoir, et non avec orgueil.

CXVII

Pour la femme, le téméraire reste le premier des hommes ; c'est le sentiment primitif initial qu'elle eut parmi les Troglodytes ou les lacustres : le militaire lui semble l'avatar du téméraire de l'âge de bronze. En cela les turcos l'emportent sur les marins, les cosaques sur les turcos, et les rhinocéros sur les cosaques : c'est la dispute, pour le prix d'inconscience.

La gloire n'est pas dans l'acte, mais dans la morale de l'acte.

Il n'est pas glorieux d'être le plus fort, mais de ne pas user de sa force.

La gloire nationale est immorale comme la politique, parce que les intérêts seuls la décernent.

CXVIII

La vraie gloire est consentie de tout l'univers et ratifiée par tous les temps.

CXVIII

Toute action a deux termes, l'effort et le succès, et c'est l'effort qu'il faut juger.

CXIX

Si Jésus était venu pour sauver un peuple, il ne serait pas Dieu; il vint pour l'univers et quelques races le veulent accaparer.

CXX

Le vrai progrès mental à réaliser, à notre époque, pour tirer au moins une douceur raisonnable de notre faiblesse, c'est de montrer la loi de solidarité humaine seule vraie; et que la solidarité restreinte de race et de lieu engendre les désastres, fils de l'injustice et de la désharmonie.

XI

LA MANIÈRE OU DES ENNEMIS

> En soi, aucun tempérament n'est réfractaire au bien.
>
> <small>COMMENT ON DEVIENT MAGE.</small>

> La femme n'est pas le but de l'homme, mais le moyen de son devenir immédiat
>
> <small>COMMENT ON DEVIENT FÉE.</small>

> L'État, ayant nié l'âme ne s'occupe pas de ses besoins et l'Eglise, ayant perdu l'intellectualité, la rejette comme profane.
>
> <small>COMMENT ON DEVIENT ARISTE.</small>

L'État a-t-il des ennemis? Quels sont-ils? et comment doit-il s'en défendre.

Le pauvre qui nous obsède de sa main tendue n'est pas un ennemi; mais si nous refusons l'aumône, sa main peut se lever sur nous, par désespoir. Ainsi les sans travail ne sont pas de mauvais citoyens, mais des malheureux. Puisque tout le monde est soldat, et que l'État enrégimente les pauvres, et les mène à la mort, il doit entretenir leur vie. Le milliard de l'armée, voilà le pain, le toit et le vêtement de tous les dépossédés. Or, si l'État trouve un homme bon pour sa défense, il faut qu'il l'entretienne, même hors du drapeau.

Quiconque a un livret militaire a droit à manger et dormir aux frais de l'État : l'antiquité nourrissait ses esclaves et le moyen-âge ses mercenaires. Le bienheureux progrès force le malheureux mobilisé à avancer à l'État son quart de place ; demain il l'obligera à payer son uniforme sans aucun doute.

Peut-on appeler ennemis de l'État, les partis qui diffèrent du gouvernement ? Non, car l'entêtement monarchique contre une république peut s'inspirer du zèle le plus pur et le plus éclairé.

L'homme qui désapprouve la conduite d'un ministre, même violemment, ne peut être taxé de crime, car il se trouve souvent qu'il a raison. L'opposition aux gouvernants n'est donc pas antisociale.

L'ennemi de l'État parmi les gouvernants est celui qui dirige le pays vers de faux triomphes aux conséquences désastreuses. Bonaparte a été le plus grand ennemi de l'État, puisque, moins d'un siècle après, il a fallu payer de deux provinces sa fameuse campagne de Prusse. Jules Ferry en poussant à la campagne d'Indo-Chine, a préparé un cycle d'ennuis nationaux, de meurtres et de dépenses. Les laïcisateurs nous auront valu dans dix ans une génération d'assassins et de voleurs.

L'ennemi de l'État, parmi les gouvernés, est celui qui réclame l'absurde. Malgré le dire de la Pythie, proclamant Socrate le plus sage des hommes, ce philosophe enseignant la communauté des femmes, des enfants et des biens, méritait l'exil, sinon la ciguë : l'exil aurait fait grand bien à ce sublime boulevardier qui n'était jamais sorti d'Athènes et promenait sa dialecte admirable à travers la ville du matin au soir.

Le comte Léon Tolstoï n'a pas les traits d'un nihiliste, c'est un saint devenu fou. D'après lui, l'intellectuel doit vivre comme la foule, dans la foi simple. On lit dans le « court exposé de l'Évangile » : « Ne pas s'opposer au mal, supporter l'injustice et faire plus que les hommes ne réclament : par conséquent, ne pas juger, ne pas laisser juger… Se venger enseigne seulement à se venger. » On envoie en Sibérie des gens qui n'en ont pas dit plus : c'est la passivité du nihilisme, et non pas le retour à la barbarie, mais à quelque chose de pire et d'inconceptible. Tolstoï nie à la Société le droit de réprimer et de punir ; il nie à l'amour la volupté, il nie au mariage l'amour, il nie à la science son utilité, enfin il se résume par ceci « le but de tout homme doit être de satisfaire tous ses besoins. » Ce n'est plus un ennemi de l'État qui parle, c'est un ennemi de la civilisation entière, aussi redoutable que Bakounine. D'où vient donc qu'un pareil anarchiste a pu se produire sur les marches du trône le plus autocratique du monde ? D'un seul fait : l'immense pitié qu'inspire ce fou. Il a écrit sur la gloire militaire et sur l'armée des choses fulminantes et implacables ; son sentiment est beau ; figurez-vous un médecin qui pleurerait sur les douleurs des malades : comment ne pas s'émouvoir d'un grand seigneur russe devenu fou par charité? Le Chambellan-poète s'est fait cordonnier, le nouvel Hans Sachs, qui sentait si vivement la douleur de la vie, a cru découvrir le remède, et après un battement de cœur sublime, des paroles de gâteux sont tombées. Tolstoï a tout le talent compatible avec des idées fausses, sorte de Jean-Jacques lymphatique et meilleur, il servira de théoricien à de prochains massacres, comme son émule du *Contrat Social*.

On pourrait écrire un *discours sur l'indifférence en matière d'idée*, et ce serait le diagnostic du cerveau latin. Les jeunes intellectuels sont pour la plupart anarchistes, dans leurs discours cénaculaires.

Il y a deux courants permanents dans la vie des états, le gouvernemental, composé des ayants, et le révolutionnaire, formé des pauvres. On ne peut pas démontrer au citoyen de défendre et de servir un intérêt où le sien n'entre pas d'une façon au moins médiate. Voilà pourquoi la bourgeoisie ou les gens de fortune moyenne ont toujours été les soutiens nés de l'État.

Regardez un peu profondément : le pouvoir n'a pas d'autres partisans que les propriétaires et les employés ; encore au tréfond, ne sont-ils partisans que d'eux-mêmes, sous couleur de se dévouer à la chose publique.

Le socialiste voudrait vivre sur l'État ; au lieu de secouer l'entrave politique, il pense l'installer conformément à son vœu.

Le bureaucrate représente bien moins que l'habile ouvrier dans la civilisation ; et quoique le rond de cuir mène ses fidèles à la direction des Beaux-Arts, on doit envisager l'employé, malgré sa belle tenue, pour moindre que l'artisan.

La petite propriété s'est accrue depuis un demi siècle, aussi allez parler de communisme au paysan, il répondra avec sa fourche : le petit commerce a décru et le citadin seul rêve de socialisme. Ce qui rend le gouvernement plus difficultueux qu'à toute autre époque en cette fin de siècle, c'est l'état d'éréthisme où la plèbe a été mise par les avocatiers. On leur a tellement dit que leur tour viendrait, qu'ils l'attendent.

Il faudra vingt années d'éducation appliquée et prodigieusement habile pour avoir des citoyens qui ne soient pas de la canaille. Vingt années d'éducation religieuse et rationnelle à la fois, qui détergent les jeunes êtres, de l'hérédité épouvantable; sinon tout est perdu. L'État libre-penseur ne se dédira pas de sa monomanie laïque : et une génération égalitaire succèdera à l'autre, avançant l'heure du Protectorat Russe.

J'ai essayé de convertir quelques plébéiens non pas à la monarchie, mais à la logique politique; ils ont démêlé que j'allais à la messe et j'étais catholique fervent. Dès lors, je leur parus tantôt un imposteur, tantôt un esprit incomplet. Ma foi leur semblait fausse, et, si vraie, ils me prenaient en pitié. Vainement, je proposai ce critère, que le parti des plus grands esprits de l'humanité était le meilleur ; que l'on ne pouvait s'égarer en suivant les plus subtils et que la voie où se rencontrent tous les génies ne saurait être celle de l'erreur; qu'une opinion valait non-seulement d'après sa conformité avec l'expérience, mais encore selon la qualité et le nombre de ceux qui la soutinrent : à ces discours d'évidente sagesse, mon manant finit par me répondre que j'étais fumisté par les livres, et que son bon sens valait l'esprit de tous ces génies dont j'avais la bouche pleine ; et comme l'obtus interlocuteur était peintre en bâtiments, je lui demandai pour conclure, s'il connaissait au Louvre, la Joconde, et quelle estime il en faisait ; il sourit, déclarant que la Joconde n'était guère agréable à voir, que c'était une poseuse et que les peintres du Louvre avaient été plus longtemps à l'école que lui, peintre en bâtiments.

Vous le voyez, toujours l'égalité ; le respect disparu de l'âme latine, l'admiration, le sentiment du Beau éteints, et la boursouflure du Moi. « Il faut souvent ramener un peuple à ses principes. » Qu'on essaye de ramener le peuple d'aujourd'hui au principe d'inégalité, c'est-à-dire de hiérarchie !

C'est devenu une passion enragée et qui dévore et supprime les autres, il y a des épidémies morales, des typhus de la sensibilité ou de l'imagination.

On n'a observé que la panique des guerres et la stupeur des révolutions, on n'a pas étudié les suggestions colossales auxquelles la foule est sujette.

La fatalité des hommes inférieurs veut qu'ils concrétisent par l'action immédiate l'idée la plus abstraite, et ils se croient logiques parce qu'ils sont brutes. Le contraire de l'intellectuel c'est l'impulsif, le simpliste, la bête humaine ; si vous lui livrez une idée, elle la transformera en crime, comme le chien auquel vous abandonnerez une écharpe la mettra en loques. Ce qui passe d'abord dans l'œil du paysan, de l'ouvrier et du militaire, à la moindre contradiction, c'est l'éclair d'estimation de sa force par rapport à la vôtre. L'idée de cogner ; voilà la réplique instinctive, en tout désaccord. Lorsque l'homme impulsif est en nombre il devient plus féroce encore, féroce comme l'espèce.

Chez l'être animique, le bourgeois, tout devient passion : leur abstraction c'est de thésauriser plutôt que de jouir. Avoir, est leur verbe, comme être est celui du peuple, comme concevoir est celui de l'intellectuel.

Il y a une atmosphère fluidique analogue à l'état radiant de Crookes où s'élaborent tout l'expir et le respir animique : car l'âme expire et respire comme le corps.

Les idées en elles-mêmes n'actionnent pas l'atmosphère fluidique, car l'esprit ne saurait se manifester dans ce monde de contingence, sans un truchement qui est là l'animisme.

L'antiquité réserva pour les initiés toutes les vérités, parce que le peuple ne peut les recevoir qu'à l'état passionnel, et détonant.

La conception dépersonnalisée reste le fait d'un nombre d'êtres très restreints et toujours d'une éducation hors ligne, impossible à quiconque fait autre chose que penser.

L'animique ou le bourgeois réduit l'idée à l'intérêt individuel ; et le peuple la matérialise en son instinct, ce qui est bien différent, car le bourgeois émet des vœux égoïstes et laids, mais modérés en leur moyen : tandis que le peuple, eût-il les vœux les plus généreux, les appliquera en bandit.

Le bourgeois ne veut pas le bien, par égoïsme, le peuple ne peut pas le bien, par défaut d'évolution. Aussi la souveraineté du peuple serait-elle pire que les douze monstres de Suétone réunis en un seul, car le peuple ne fait pas seulement le mal quand il le veut, mais aussi quand il ne le veut pas.

La politique ne comporte aucune passion, elle doit être un perpétuel raisonnement Aristotélique. La Chambre des Députés ressemble à un théâtre du boulevard ; dans les questions graves et de fond, l'animisme seul parle, à l'animisme qui l'écoute ; littéralement, un député plaide à la tribune, il veut entraîner et non convaincre. Un mot qui peint l'époque est celui *d'emballé*, emprunté à l'argot sportique, il exprime l'inconscience de la bête.

Le raisonnement est une faculté tellement restreinte dans l'humanité que la plupart des artistes l'ignorent et que le calme domaine de l'art voit se produire la même insanité que l'économie politique.

Un journal est là, par terre : je gage que si je le ramasse, je trouverai dans le premier article de la déraison :

« Il fit donc de parti pris *laid* et tourmenté, comme il avait fait de parti pris gauche et maladroit : ses *laideurs* enrichirent le domaine de l'art.

« Il partait de Dante, et par Flaubert arrivait à Baudelaire ; il les rappelle tous trois, tour à tour sublime... On songe devant ses œuvres à l'Enfer ou au Jugement Dernier. »

Qui s'exprime ainsi ? C'est un inspecteur des Beaux-Arts, un très gros bonnet décidant des commandes, il ne sait pas que le *Beau* est l'essence absolue de l'art : il donne du Dante comme on donnerait du Lucain, et *Michel Ange* enfin apparaît à propos d'un sculpteur anarchiste, car M. Rodin n'est pas autre chose que le Stirner de la glaise, un ouvrier énergumène et qui ne trouve l'émotion que dans la vulgarité et l'ignorance des règles.

Le personnel de la politique en France reproduit le personnel des Beaux-Arts : les uns enrichissent l'histoire d'insanités, et les autres enrichissent l'art de laideurs.

Notre période le prouve, il faut une discipline de l'esprit et une police des idées, non pas telles que les conçut le Bonaparte, qui jugeait l'humanité comme un escarpe juge le passant, mais un enseignement scientifique, et expérimental.

La fameuse méthode des physiciens arrive à la même équation que celle des métaphysiciens.

On ne peut réaliser simultanément des contraires, il faut donc choisir une doctrine et l'imposer, non pas comme meilleure, mais comme nécessaire. Aucune nouveauté ne peut se produire dans les principes, mais seulement dans leur manutention.

Les thèses paraissent toujours justes à ceux qui les posent ; elles suscitent leurs antithèses. Le peuple demande qu'on gouverne à son profit, la bourgeoisie n'entend que le sien. La synthèse sera dans les concessions mutuelles imposées à ces deux partis : mais c'est leur supposer trop de sagesse à l'un et à l'autre et le dernier mot reste à la force, qui n'est pas toujours la raison.

Les idées n'auraient jamais dû devenir ces filles à tout venant que lutinent les pires voyous : on a vulgarisé, il n'y a plus que le gouvernement du vulgaire et le dernier cri de la génération qui monte sera un appel au néant, c'est-à-dire le débondement de toutes les tonnes de sauvagerie dont l'humanité est capable.

ARCANES OCTODÉNAIRES

CXXI

Le pauvre n'est pas l'ennemi de l'État, il le devient, dans un pays où on le trouve bon pour le recrutement et non pour le travail, ou où l'expose à mourir sans l'aider à vivre.

Ne pas payer ses soldats, c'est déjà singulier, ne pas les nourrir, hors du temps d'exercices et de guerre, cela n'a qu'un nom : République française. Et cela aura un seul effet au moindre revers de la prochaine guerre : la nation armée deviendra la Révolution armée.

Quiconque a un livret militaire a le droit à la vie matérielle : l'antiquité nourrissait ses esclaves.

CXXII

Il y a un abîme entre l'opposition au gouvernement établi et la guerre antisociale : l'ennemi de l'État c'est l'absurde.

Le chambellan du Czar, Comte Léon Tolstoï, est le plus mauvais citoyen de toutes les Russies, il est antisocial ; à part cela c'est un saint devenu fou.

Les autres anarchistes sont des fous devenus furieux.

CXXIII

L'opinion qui a obtenu, à travers les siècles, l'adhésion des plus grands esprits, doit être tenue pour vraie, en métaphysique où l'expérience n'apporte pas de nouveaux déterminismes. Le consensus des génies est encore le meilleur conseil.

CXXIV

Il y a des épidémies morales : mais il n'y a pas de Comité d'hygiène morale.

Le peuple est comme l'animal, non méchant mais brute, lancez-lui une idée, il en fera un crime. La logique de l'impulsif et du sanglier c'est de se ruer, voilà pourquoi il ne faut éveiller que les appétences qu'on peut satisfaire.

Le peuple réduit instantanément l'idée en acte, le bourgeois en passion ; l'un ne peut pas le bien, il ne le voit pas ; l'autre le voit et ne le peut pas.

CXXV

Il faut une discipline à l'esprit et une discipline aux idées, celle même instituée par les grands éponymes de la pensée humaine.

Quiconque croit avoir une idée personnelle est un sot. On ne pense pas à nouveau ; on associe et on applique, et cela s'appelle encore le génie.

XII

L'ACCOMPAGNEMENT OU DE LA PROVIDENCE

> Nul esprit ne peut se dater de lui-même, nul être se substanter de soi ; on date d'un exemple et ou se substante de chefs-d'œuvre.
>
> COMMENT ON DEVIENT MAGE.

> L'amour devrait être la forme la plus vive de la charité, parce qu'il correspond à la plus grande détresse d'âme.
>
> COMMENT ON DEVIENT FÉE.

> Chaque fois qu'on approuve un acte ou une idée on s'y associe et on participe, dès lors, au jugement éternel que mérite cet acte ou cette idée.
>
> COMMENT ON DEVIENT ARISTE.

Ou bien l'homme a changé sa nature, ou ce qui fut vrai depuis sept mille ans l'est encore aujourd'hui.

Les passions, la sensibilité des vieux poèmes

cycliques diffèrent-elles si fort des passions et de la sensibilité moderne ? l'homme de la Bible, l'homme de Manou, l'homme d'Homère ne sont-ils pas identiques à l'individu de nos jours?

Ne trouvons-nous pas, aux textes les plus anciens, notre âme exprimée ? ne nous reconnaissons nous pas dans les personnages aggadiques et les noms qui nous servent à désigner des caractères, ne sont-ils pas pris des antiques symboles ? enfin, l'âme de l'homme ne s'est-elle pas perpétuée telle que la concevaient les fondateurs de religions, les égrégores de race ?

Eh bien! si l'homme demeure le même qu'il fut, ses besoins n'ont pas varié, les conditions de sa vie intime et publique s'imposent, semblables. Ah ! un mot nous arrête, le Progrès ! L'humanité serait donc en marche depuis sa naissance et en évolution de croissance. Voyons cela ?

Ouvrons Hérodote, et vérifions-le d'après les plus récentes découvertes. Paris représente à peine un huitième de Babylone et l'antiquité entière garde cette proportion, par rapport au monde moderne.

Un enfant de cinq ans à qui on raconterait l'histoire, comprendrait que l'humanité n'évolue pas d'ensemble. D'époque en époque, une race se civilise, croît, resplendit et s'éteint dans le rayonnement d'une autre race jeune et croissante.

Il y a pour les peuples, une aube, un midi, un couchant et la vie se déplace mais ne meut pas également toute l'espèce.

Une poignée d'Anglais tient l'Inde innombrable en servitude et la race Gangétique vit certes en indéniable décadence. La Hongrie, qui sauva l'Europe de l'Islam, n'est plus qu'une province autrichienne. Il y a un siècle, qu'était donc l'Amérique du Nord? Le progrès est donc un phénomène ethnique, local, essentiellement circonscrit et non pas une évolution de l'humanité.

Si nous établissons les conditions les plus symptomatiques du Progrès et de la décadence. n'aurions-nous pas l'embryon de la loi évolutrice?

Il est patent, que d'après un exposé exact de l'état religieux, dans une race, on peut diagnostiquer à quel point de son évolution elle se trouve. Quand les augures de Rome ne purent se regarder sans rire, Rome était condamnée. Non seulement toutes les grandes périodes historiques présentent l'état théocratique, mais il n'y a pas eu de civilisation, sans religion d'État. Ce qui constitue le phénomène, c'est son identité à travers le temps et les modalités subsidiaires.

Mais sans énumérer les démonstrations déjà produites et m'inspirant d'une sollicitude à la mode parmi les politiques de maintenant, je prendrai deux faits : le vin naturel et pur coûtait cette année trois sous le litre au lieu de production : le vin falsifié et dangereux coûtait seize sous à Paris. Un autre détail, la plus petite lucarne coûte dix-sept sous par an, autant qu'une baie d'atelier. Quelle est la raison ou le prétexte de pareils impôts? la Patrie !

Il faut donc que la Patrie meure pour que l'individu vive, les faits le démontrent : tous les Français s'exténuent à entretenir un être de raison fictif qui est la France. Les treize sous que l'État prélève sur le litre de vin, ce n'est pas la bourgeoisie qui les empoche, c'est l'anonyme État, c'est l'anonyme octroi. Puis il y a le milliard de la guerre ; la Patrie est un être de luxe qu'on entretient, quand on l'aime. Il faut ruiner l'individu pour conserver l'État tel quel, ceci est une question d'extériorité et non de castes.

La centralisation, qui achemine vers la donnée impériale, ne permet pas l'octroi qui est littéralement douane intérieure.

Dans un pays où un simple bureaucrate, incapable de professer un cours ou d'écrire un livre, est directeur des Beaux-Arts ou directeur des musées nationaux ; où on voit les achats officiels au salon et les statues dont on embarrasse les squares, la façon dont les musées sont tenus, il n'y a qu'un vœu à émettre, la ruine de l'État. Rien de grand, rien de bon ne peut sortir de la bureaucratie et du suffrage universel.

Les monarchies seules ont une histoire : mais le peuple français me paraît avoir renoncé à la gloire, ce qui serait une sagesse, si ce n'était une faiblesse.

Le fédéralisme correspond au bien-être matériel réclamé par le peuple, il ne sacrifie rien à la parade, c'est une formule d'affaire. Mais ne pourrait-on pas combiner la nation impériale avec la fédérale. Créer en Europe un Amphictyonnat occidental ! L'immoralité de ce parti serait de déchaîner sur l'Orient tous les ignominieux instincts de l'homicide et du vol. Toujours un infâme négociant rêvera d'une compagnie des Indes rançonnant l'Orient. Une des naïvetés de l'occultisme, et la fantaisie de d'Olivet bien singulière, c'est l'invention de l'âge d'or, du cycle de Ram et l'espoir de son retour. L'homme ne veut pas se convaincre de sa relative impuissance, il affirme l'aboutissement de sa volonté et l'attend des siècles. Il passe et les siècles, impassibles et mornes, le démentent sans que jamais son cerveau laisse fuir cet espoir qui resta dans l'urne de Pandore.

Dupe des formes renouvelées sur des réalités

immuables, l'homme ne reconnaît plus Croque-mitaine, s'il quitte sa hotte.

Sans juger de la légitimité du fait, le constatant seulement, le latin de vingt à quarante-cinq ans appartient au pouvoir le plus absolu qui ait jamais existé : si un adjudant s'y oppose, même en temps de paix, il ne pourra pas suivre le cercueil de son père ; sa mère peut mourir, son épouse se prostituer, ses enfants râler la faim, il n'y a pas de miséricorde dans la religion nationale : et enfin Guillaume de Prusse, l'actuel régnant, a déclaré que le soldat allemand, sur l'ordre de son caporal, doit être prêt à tirer sur son père et sa mère. Voilà le progrès, sur le terrain de *l'habeas corpus*.

Cherchez dans les annales despotiques de l'Orient, vous ne trouverez rien de plus ; au lieu d'être décollé sur l'heure d'un coup de cimeterre, le soldat paraîtra devant ses supérieurs, il y aura de la forme judiciaire mais le dénouement est le même, le plomb le crache au lieu de l'acier, et c'est toute la différence.

Ce qui explique l'optimisme de certaines gens c'est cette susceptibilité de la nature humaine devant le malheur imprévu. Le latin est accoutumé d'avance et partant résigné aux dangers qu'il court ; il prend la régularité pour la justice et l'égalité pour le droit. Son indépendance ne dépasse pas l'envie et la haine du prochain ; il supporte mieux ses maux que l'heur d'autrui.

La vraie différence de l'antique au moderne n'est pas le traitement, mais son uniformité apparente ; comme le pouvoir démocratique identique au pouvoir monarchique, est régularisé en ses modes. Tout paraît prévu dans la civilisation actuelle et les choses prévues n'effrayent pas. L'homme plus que l'animal s'avoue d'essence domestique, il s'agit de le dresser ; or, la France et l'Europe eurent dans l'adjudant Bonaparte la botte la plus intolérante qu'on ait vu ; et, assoupli par ces traitements, l'Occident ne réclame qu'une grâce, la légalité dans l'exaction et la généralité dans le malheur.

L'injustice par arrêt, la corvée ordonnée générale, trouvent toujours résignation, sinon enthousiasme : un pays militarisé n'a plus de notion sur la dignité et la justice.

Il faut avoir vu l'attitude de nègre battu du soldat bavarois, son tremblement effaré devant le gradé, pour mesurer la domesticité des races aryennes ; elle ressemble au fatalisme de l'Arabe. On crie que le latin est difficile à gouverner : oui, si on le traite en créature raisonnable, mais en le bâtonnant suivant un rythme déjà connu par lui, on peut frapper sans crainte, sans merci. Il ne s'agit que de bien s'entendre et de convenir à l'avance des règles de la bâtonnade.

L'obéissance n'est ni une qualité, ni un élément facultatif, c'est une nécessité : l'homme primitif qui n'obéissait pas aux lois de la caléfaction nécessaire, mourait, comme celui qui aurait voulu passer une rivière avec un poids trop lourd. L'homme social a la liberté de parler, de crier comme un fou ; mais dès qu'il veut agir, il obéit à des lois mal formulées et cependant indéniables. Avant que Lavoisier formulât que la combustion est ce phénomène qui résulte de la combinaison d'un corps combustible avec l'oxygène, l'humanité avait allumé bien des feux et brûlé bien des torches et des chandelles.

Quand la science d'un ordre donné n'est pas constitué, il faut se guider sur l'expérience et l'analogie.

J'entends par expérience, les constatations phénoméniques de l'humanité, et par analogie une méthode allant du connu à l'inconnu. En voici un exemple.

La matière se présente à nous, sous quatre états : le solide, le liquide, le gazeux et le fluide.

La vie doit se présenter à nous sous quatre états, physique, moral, intellectuel, pneumatique.

On divise les corps en simples et composés; on divise d'abord les hommes en simples, ou ne pouvant pas se modifier et évoluer, et en complexes, ou ceux dont on peut obtenir des activités variées. Je pourrais montrer les analogies sociales avec la cristallisation.

Par la théorie de l'analogue nous avons trouvé trois clés vitales dans la société comme dans l'homme : les lois organiques, les lois animiques et les lois intellectuelles, informulées quant à l'homme collectif, et parfaitement connues pour l'individu.

La vie domestique nous donne les trois termes sociaux, le père roi, la femme ministre et l'enfant sujet ; de Bonald et d'Olivet nous ont montré la Providence, la Volonté et le Destin.

Or, l'enfant et le jeune peuple régi par le Destin ne lui échappe et ne s'émancipe que par sa volonté ; mais cette volonté elle-même sera brisée par le Destin, si elle ne s'oriente pas vers la Providence.

Le Destin ou nécessité agit d'une façon immédiate et permanente, en l'absence de la Providence qui est l'harmonie générale et abstraite et n'intervient que sur la sollicitation humaine. On peut comparer la Providence à une puissance surnaturelle et miraculante qui ordonne la police du monde, sans la faire ; le Destin, au contraire, raison collective, sorte d'abstrait recteur du concret, se comporte en maréchaussée implacable, punit, réprime les écarts de la volonté et la brise quand elle s'obstine.

Pour me rapprocher de la terminologie actuelle je dirai que le destin est la cause seconde immédiate ou la loi sérielle ; et la Providence la cause première ou médiate ou la loi universelle, mais dans le sens Spinosiste ou Joannique. La volonté ou libre arbitre peut se mouvoir selon le Destin, tel Bonaparte ; mais la volonté ou la liberté a des bornes infranchissables, et quiconque les veut franchir cesse d'être. Si l'homme adhère au Logos, à la Providence, il élude par cela même la nécessité, comme le mystique s'affranchit de sa corporéité, et les plus beaux événements se produisent.

Or, la loi universelle ne peut être que l'exaltation de la loi sérielle ; il y a parallélisme de la série à l'archétype ; mais ici le formulaire scientifique serait un pur décor et, même exprimée, la vérité ne paraîtrait pas. Dire avec Eliphas que l'harmonie résulte de l'analogie des contraires, c'est dire beaucoup et, à certains yeux, c'est ne rien dire.

Il y a un sublime domaine où l'explication obscurcit, où l'exemple embrouille, où la formule égare. Tout métaphysicien a éprouvé qu'après un point atteint de tension cérébrale il n'y a plus d'idée, mais des impressions.

L'extase, qui est la plus forte tension dont l'être humain soit capable, ne se résout jamais en idée. L'erreur des occultistes a été de prendre et de réunir dans le Mage la matière et l'auteur du grand œuvre, c'est-à-dire d'apporter la conscience dans l'inconscient. Jamais l'homme n'a pu pousser sa pensée au paroxysme en l'isolant de l'animisme.

Saint Thomas d'Aquin, sorti de ses ravissements, déclarait que tout ce qu'il pouvait exprimer n'était qu'un fétu de paille, auprès de ce qu'il avait vu. En magie comme en mystique, des mirages incessants se produisent, qui n'ont pas leur équivalent en idée et en mots. Nous avons la raison et l'enthousiasme, c'est-à-dire la faculté comparative sous sa forme pondérée et sous sa forme fiévreuse, et c'est tout.

Ne cédons pas aux intuitions, aux illuminations quand il s'agit d'autrui et de l'autrui humain.

Attentifs et penchés sur la science acquise, tirons de sages parallèles, avec la règle de l'expérience : ainsi, on ne peut s'égarer.

Quelle est l'idée essentielle ? Dieu. L'adaptation de l'idée de Dieu ? La religion. Mais voyons-la dans son essence et non dans ces détails disparates dont l'infirmité humaine l'affuble.

La religion n'est ni l'auto-da-fé, ni l'index, ni l'intolérance, ni la multiplicité des pratiques, ni la morale égalitaire ; la religion est la présence de Dieu dans les desseins de l'homme.

Il ne s'agit pas de dépouiller une nation étrangère pour orner un autel, ni d'égorger ceux qui ne prient pas avec nos rites : il s'agit, si nous sommes forts d'être bons, et si nous sommes pieux d'être humains d'abord.

La bonne volonté, voilà la désignation de ceux qui sont et seront éternellement bénis : mais elle n'est pas l'outrecuidante formule du démagogue non plus que l'égoïsme du podestat : la volonté n'est bonne que par l'observance de la raison en tout et toujours. Savonarole était un saint, mais c'était aussi un désordre : et le pape qui l'a brûlé, aurait pu le canoniser en même temps, s'il n'avait pas craint de scandaliser cet éternel public, qui ne comprendrait pas, même aujourd'hui, que l'ordre, la hiérarchie et l'universalité des vues, a le droit du Sceptre sur la liberté, sur l'égalité et sur la nation, termes imparfaits de la vraie société.

CONCORDANCE CATHOLIQUE

ARCANES NONODÉNAIRES

CXXVI

L'homme psychique des plus anciens poèmes reproduit l'homme contemporain. Il ne diffère pas de celui qui est exprimé dans la Bible, dans Manou, dans Homère.

Si l'âme de l'homme n'a pas changé, les règles de sa vie sociale restent semblables.

CXXVII

Deux erreurs à extirper de la cervelle latine : la prétendue supériorité de l'Occident sur l'Orient, et de notre civilisation sur les anciennes.

CXXVIII

Il n'y a pas progrès dans l'humanité, il y a déplacement de lumière et de protagonisme : les peuples se succèdent, pour ainsi dire, sur la scène du monde, se forment, croissent et meurent : ils évoluent comme un individu, ils ne progressent pas.

CXXIX

Il y a une notion aussi fausse que le Progrès, c'est la croyance à l'âge d'or ou au fantastique cycle de Ram.

CXXX

L'homme social supporte des maux mais non par l'heur d'autrui : il est plus envieux qu'avide et plus égalitaire qu'indépendant.

CXXXI

Quand une science n'est pas constituée, il faut se guider sur l'expérience et l'analogie et on trouvera aisément, par une succession de syllogismes irréfragables, que la formule sociale s'écrit ainsi :

L'ordre s'obtient par la hiérarchie et la Paix par l'universalité providentielle dans les desseins.

LIVRE TROISIÈME

LE TERNAIRE DU SAINT-ESPRIT

> La marque du Saint-Esprit est la subtilité ; comme la charité est celle du Fils et la volonté celle du Père. Aucune ne peut se passer des deux autres mais la plus appropriée aux exigences du temps présent est la sainte subtilité.
>
> COMMENT ON DEVIENT MAGE.

> Pœnia (le vide passif) se tenait à l'écart et apercevant Poros (le passé actif) ivre et endormi, elle le viola et ainsi Eros (le désir) naquit le même jour qu'Aphrodite (la beauté).
>
> COMMENT ON DEVIENT FÉE.

> Il y a dans la Foi des parties si mystérieuses entre toutes, et dans la science des côtés si éclatants d'évidence, qu'il faudrait cesser de croire ou cesser de raisonner, si on ne sentait que l'hypothèse et l'expérience se touchent et que l'abîme entre eux n'est qu'une apparence.
>
> COMMENT ON DEVIENT ARISTE.

L'ŒUVRE DU PÈRE

DU DESTIN OU DE LA FOI

L'homme a commencé la vie par une sensation ; quand il eut des sentiments il évoluait déjà, dès qu'il conçut des idées, il était accompli.

La première Norme qu'il découvrit fut l'organique et l'ambiante, ou la loi sérielle. Nous avons vu commencer la sociabilité par l'attrait sexuel et le mariage baser la société initiale.

Vagues sont les considérations possibles sur les quatre races, d'après le pigment, des manuels.

Nous savons des noirs qu'ils sont dégénérés, le sauvage apparaît un homme qui a oublié et non pas un tard venu.

Fabre d'Olivet, en voyant des peuples enfants dans les Incas s'est trompé ; c'étaient des races stupéfaites depuis le cataclysme Atlante qui sépare l'histoire véritable de l'hypothèse. La plus grande partie de l'Afrique est un fond de mer exhaussé en contre coup de l'engloutissement de l'Atlantide, vaste continent, le plus anciennement civilisé.

Il y a de fortes propensions pour que le Déluge de la Bible ne soit autre que ce cataclysme Atlantique ; la vallée du Nil, formée de huit mètres de terre végétale, repose sur un lit de sable marin.

La couche augmentant de 1 millimètre 26, annuellement donne la date de 6337.

Un caractère extraordinaire de l'Egypte, c'est que rien ne nous est venu qui témoignât d'une enfance ; cette race apparaît civilisée au plus grand lointain, et comme elle ne peut pas être autocthone et qu'à son apparition nul autre lieu du monde n'était civilisé, je crois que l'Égyptien est un Atlante.

En tête des quatre mille ans, qui finissent à Nectanébo, se trouve Ména, premier roi vainqueur du sacerdoce, qui déserta Théni, ville sainte, et fonda Memphis.

La restitution de la doctrine antérieure à Ména nous montre bien autre chose que la Bible. Dieu s'engendre de lui-même, il est un, absolu, parfait, « le père des pères et la mère des mères » unique d'essence, il produit en lui-même d'autres lui-mêmes, il est le Père, la mère et le fils. C'est le Dieu unique et la Trinité du catholicisme : « il crée ses propres membres qui sont les dieux » et ces

IV. — LE LIVRE DU SCEPTRE

dieux sont des sephirots, des aspects de l'unique : Ammon quand il se manifeste par la vie; Imhotep, analogue à l'Esprit Saint; Phtah, comme maître du monde, et Osiris comme médiateur et miséricordieux ; il ne faut pas plus s'étonner de l'Osiris de Théni et d'Abydos que du *Jésu* de Rome, de l'Ammon de Thèbes que de la *Trinité* de Paris, du Phtah de Memphis que de *sainte Sophie*.

C'étaient des noms et des aspects de la Divinité analogues aux formules litaniques.

Râ, le soleil, était une création manifestative de la Providence : je n'ai pas la place d'insister sur la physionomie Christique d'Osiris, et préfère indiquer la métaphysique du Nil.

Khou l'intelligence, la parcelle divine, descend dans une substance *Ba* qui, elle-même, s'enveloppe dans *Niwou*, le corps astral, et celui-ci dans le *Khat* ou corps organique.

Toute la magie est ici contenue mieux qu'au *Zohar* :

Khat le corps est le vêtement de *Niwou* le peresprit qui enferme l'âme *Bd*, laquelle contient *Khou* l'intelligence. Voilà la théorie de l'involution. Logiquement, l'évolution aboutit à la seule existence finale de *Khou*, l'homme est devenu *démon*.

Autre merveille de l'ésotérisme, c'est l'âme, et

plus précisément le *cœur*, qui comparaît dans l'Amenti devant Osiris, enseignant que l'épreuve terrestre porte sur l'animisme et non sur la spiritualité.

Quel recueil de prières égale la ferveur du ch. CXXV du *Rouleau des Morts*, la confession négative si pleine d'humilité qui finit par ces trois cris de foi et de crainte : je suis pur ! je suis pur ! je suis pur !

La dévotion anthropomorphisa Dieu partout et toujours : même la religion n'a pas d'autre but que de rendre Dieu sensible aux hommes, présent parmi les hommes et parce que c'est le but de toute religion, la seule qui l'ait atteint, l'emporte sur les autres, par le Calvaire et l'Eucharistie.

On apprend aux enfants que les Égyptiens adoraient des bêtes, comme on leur apprendra plus tard que les catholiques adoraient la colombe, l'agneau, le pélican, et les animaux attributs des saints. Certains évangéliaires du XIIIe siècle représentent saint Marc avec une tête de lion sur les épaules.

Les prêtres égyptiens enseignèrent d'abord que Dieu venait voir les actes humains sous les traits de Ra, Hor et Osiris ; puis ils crurent nécessaire de faire intervenir Dieu plus matériellement, et répugnant à montrer un homme comme divin, ils dirent que Dieu prenait la forme animale pour mieux surveiller les hommes. L'épervier et l'hippopotame, le scarabée, l'ibis, le cynocephale et le chacal n'étaient pas plus les dieux de l'Égypte, Hor, Set, Phtah, Thot, Anubis, que notre agneau Pascal et le poisson des catacombes n'est Jésus-Christ.

Ces quelques traits suffisent à montrer que la métaphysique d'il y a sept mille ans, dans la vallée du Nil, était supérieure à celle de nos jours.

Au XIIIe siècle de notre ère, les ruines de Memphis occupaient encore une demi journée de chemin en tous sens : et Thèbes força les brutes que commandait Desaix à battre des mains.

On s'agenouille devant le Décalogue comme si Mosché avait inventé la morale. Chabas a traduit un papyrus où on lit : « Le fils qui reçoit la parole de son père deviendra vieux à cause de cela ; Dieu aime l'obéissance : le rebelle voit la science dans l'ignorance, et les vertus dans les vices » et dans un rituel funéraire : « Je n'ai pas fait de commandement injuste, je n'ai pas été individuel, je n'ai pas médit d'autrui, je n'ai pas fait de mal à mon esclave en abusant de ma supériorité sur lui. »

Lepsius a dit qu'il pourrait rédiger un almanach de cour et d'état pour la quatrième dynastie. Le premier ministre était celui des travaux publics, puis celui des mines. Après les ministres venaient les nomarques, gouverneurs des diocèses. La corporation continuait la caste qui ne fut jamais fermée. Un tiers du sol appartenait à ses défenseurs, un autre tiers au sacerdoce qui était le corps juridique et intellectuel à la fois. Toute affaire se traitait par écrit pour prévenir l'entraînement des juges — celui qui ne secourait pas son semblable attaqué était puni de mort, comme l'homicide même sur un esclave — on ne tuait pas le déserteur, il n'y avait pas de contrainte par corps, l'intérêt ne pouvait jamais dépasser le capital. Les femmes étaient traitées de telle sorte que Diodore accuse leurs époux d'être leurs esclaves. Même sous les Ptolémée, l'Égypte continua sa vie sociale pendant trois siècles, et s'éteignit avec le souffle de Cléopâtre sous la pique des Barbares Romains. On oublie trop que l'école d'Alexandrie à côté de poéteraux comme Bion et Moschus, Callimaque et l'Anthologie, fut la capitale de la pensée, le confluent de toutes les idées orientales.

Ammonius Saccas et son disciple, le sublime Plotin, aussi grand que Platon et Porphyre et Jamblique, préparent le succès du Christianisme et peuvent en être considérés, malgré l'apparence, comme les collaborateurs inestimables. — Clément d'Alexandrie, Tertullien, Origène, Lactance, S. Grégoire de Nazianze, S. Augustin, doivent plus qu'on imagine à leurs adversaires les plus dignes que la vérité nécessaire ait jamais rencontrés.

Ce qui meurt au sixième siècle sous les traits de Hiéroclès, d'Enée de Gaza, d'Olympiodore, d'Isidore et s'exhale sur les lèvres de la belle Hypathie, c'est l'ensemble le plus grandiose de notions abstraites, c'est la totalité des idées métaphysiques.

Ni en mystique, ni en morale, ni en prospérité, ni surtout en longévité, il n'y a dans l'histoire le moindre progrès sur l'Egypte.

Sa constitution dès lors contient les bases normales de la prospérité et de la longévité, c'est-à-dire : Théocratie, juridiction des intellectuels, propriété, famille, dévotion.

Sarru-Kinou, roi d'Agadé en 3800, Goudéa, roi de Sirtella deux cents ans plus tard, viennent en antiquité prouvée, immédiatement après Ména. Les origines égyptiennes de la Kaldée ressortent du caractère des monuments : nous sommes là en présence d'une exode de Miztraïm, bientôt subjuguée par les scythes et mêlée à des Sémites ; le Bereschit reproduit la tradition Kaldéenne, et non celle d'Égypte. Mais sans énoncer des représentations historiques qui s'accommodent mal de la concision, les six statues du patesi Goudéa qui sont au Louvre le montrent les mains croisées, en signe d'initiation, et sur ses genoux est un plan monumental avec un étalon des mesures et un stylet d'architecte.

Certes, quels attributs plus civilisés trouve-t-on par la suite ? Celui-là se glorifie d'avoir construit des temples pour ses dieux, il veut être un roi architecte devant les siècles à venir : il est à la fois homme de piété, de paix et de beauté, il écrit avec des proportions et des pierres, à une époque où le monument est le vrai livre durable, et certainement il n'est pas exceptionnel comme le Roi René : c'est moins un individu qu'un point de civilisation !

L'instinct, comme la conscience de l'homme collectif, s'unissent pour voir dans la société une simplification de la famille et dans le prêtre l'homme de Sceptre. Mais, le patési Goudéa pouvait tenir l'encensoir d'une main et le stylet architectural de l'autre, dans des autonomies restreintes comme Sirtella : cela ne s'entend plus d'un vaste empire !

Le commencement des sociétés accumule les fonctions sur l'individu : leur suite et leur apogée, au contraire, comme elles spécialisent en science, particularisent en charges. Le Destin a deux termes, le Pape et l'Empereur, et malheur au hiérophante qui usurpe sur le temporel, mille fois malheur au monarque qui ose unir dans sa main le bâton pastoral et le glaive !

L'opposition de ces deux forces sociales empêche le petit et le faible d'être écrasé par l'un ou l'autre de ces colosses.

Dante a écrit sur la matière un admirable livre qu'on ne lit plus, qu'on ne cite pas même. Sa théorie, qu'il dit originale, est la conséquence rigoureuse du principe chrétien, mais aussi de la raison.

Tous les êtres identiques ont même destin et la série entière suivra donc la même voie pour arriver à la même fin, et plus ce mouvement unifiera les êtres, mieux ils s'accompliront et en personnalité et en série.

Il y a deux lumières : la Foi et la Raison. L'Église, qui prépare le devenir de l'humanité, l'Empire, qui opère son bonheur ici-bas.

Comme on lit l'histoire avec un même souci que les feuilletons, on ne peut différencier la notion abstraite de telle individuelle figure. Pour les uns, l'Empire c'est Bonaparte le soudard, ou Octave l'indécis, toujours l'aventurier ou le haut fonctionnaire. Incessamment ébloui de ces symboles pompeux qui sont de la mascarade sans une grande pensée, l'historien énumère les indignités humaines des rois et, établissant une moyenne dans l'abominable, définit la royauté un mélange d'abus et d'éclat ; et l'empire, pour lui signifie, conquête. Certes, il est au pouvoir de l'homme de détourner les plus sublimes choses de leur véritable office. J'avoue que la matière politique révèle un Himalaya d'horreur accumulée par les siècles et les races et que la majeure part des crimes et des niaiseries de ce monde se sont produites en forme politique. Mais, parce que la Raison, l'Expérience, ont été employés contre la Foi, allons nous rejeter la logique, toujours dangereuse chez les esprits faux?

Supposez, non pas le désintéressement mais la dépersonnalisation d'un être lucide dans la recherche du bien général et vous aurez la définition de l'Empereur et de tout homme de Sceptre.

Cette dépersonnalisation vous ne la trouverez pas dans les figures classiques de la politique, parce que l'esprit humain est plus frappé par la force que par la vérité, et, même entrevue dans la pénombre du passé, la forêt de piques des légions hypnotise les Duruy. Mais tous les fondateurs de religion ont un caractère uniforme, ils disparaissent dans leur œuvre.

L'Empire et l'Église sont les deux hémisphères du pouvoir social, mais parce qu'ils sont immenses ils supposent au-dessous d'eux non pas des délégués mais des pouvoirs autonomes : le satrape, le gouverneur représente la tyrannie et non pas l'Empire. Pour le lecteur ordinaire, l'empire implique la féodalité, c'est-à-dire le bourg dépendant du burgrave, et la cité perpétuel objet de convoitises armées : et cela effraye à juste titre. Avignon, avant que la Papauté y vînt siéger, voyait s'ouvrir devant elle un destin magnifique : elle eût été Florence peut-être : il suffit qu'un imbécile, comte de Provence et Toulouse, l'entraînât dans la cause albigeoise. Certes, l'hérédité n'a plus de fanatiques, mais l'élection s'est révélée pire encore. Dans une ville, même petite, où chacun pourrait confesser son voisin, ce n'est jamais le plus digne qui est maire. La conscience populaire n'a pas même le sens de la justice, car, pour le peuple, son envie paraît le droit.

L'Empire est donc la forme sociale du destin, et faste, si l'Eglise, forme sociale de la Providence, se dresse en face de lui, égale.

Mais ce n'est pas assez de balancer la couronne par la mitre et il faut faire la part de la volonté.

Quelle plus logique forme de la volonté que l'autonomie provinciale, non pas selon l'idiotie administrative, mais suivant *la langue*.

La Provence comme la Bretagne devraient décider de leurs propres affaires : or le fédéralisme qui n'existe qu'en pays républicain entre cependant dans le cadre impérial.

Il nous reste à étudier quel élément oligarchique se peut joindre au Saint Empire et à l'autonomie selon les lois du Fédéralisme. On méconnaît l'Empire et la monarchie, seule satisfaction au destin parce que l'empereur et le roi semblent d'après les mauvais types de l'histoire, des tyrans ou des incapables ; mais il s'agit simplement d'encadrer avec solidité le roi par l'empereur et l'empereur par le pape pour les empêcher de nuire.

Il n'y a qu'un moyen de paix générale : imposer aux méchants la nécessité du bien, non par des théories et des exhortations mais par la Force, lorsque la raison ne peut être entendue.

ARCANES
DU
PERE OU DU DESTIN

CXXXII

L'homme a un triple destin; être organique, sa perfection est la santé et la beauté; l'hygiène, la prophylaxie et la médecine sont les trois sciences par lesquelles il s'efforce d'observer la Norme physique.

Être animique, sa perfection est l'Amour et l'idéalité : la religion, la politique et l'érotique sont les trois sciences par lesquelles il s'efforce d'observer la Norme animique.

Être intellectuel, sa perfection est la Charité et la subtilité : la Magie ou théosophie, la théocratie et la mystique sont les trois sciences par lesquelles il s'efforce d'observer la Norme abstraite.

CXXXIII

L'ensemble des sciences physiques, morales et abstraites constituent la civilisation.

CXXXIV

Si la longévité paraît un bien à l'individu, elle l'est

aussi pour l'État : tous deux doivent donc se modeler sur le centenaire et sur le millénaire.

CXXXV

L'Égypte, étant scientifiquement le type connu de la longévité d'un État, doit être imitée en ses principes : Théocratie, juridiction des intellectuels, Propriété, famille, dévotion.

CXXXV

La Kaldée doit être vénérée ensuite, parce qu'elle nous présente, en 3.500 avant Jésus, des patesis ou podestats, uniquement glorieux de pensée et d'art, méprisant la guerre et les conquêtes.

CXXXVI

Le destin a deux termes : le Pape et l'Empereur, parce que l'homme a deux lumières : la Foi et la Raison.

CXXXVII

Le Pape et l'Empereur doivent être abstraits en leur fonction presque divine. Tout sentiment familial ou national ou passionnel les fait anti-pape et usurpateur : ils n'ont aucun des droits de l'individu, et doivent vivre pour l'idée pure.

CXXXVIII

L'Empire n'implique pas la féodalité et s'accommode

d'un fédéralisme : de là son adaptation possible en tout temps.

CXXXIX

L'hérédité est démentie par l'expérience. Celui qui est le Père d'un peuple ne doit pas changer ce peuple en moyen de succès pour son sang : toute l'histoire moderne retentit de l'impiété des monarques opposant leur intérêt de famille à celui de l'État.

CXL

Le mode électif, tel qu'il existe pour la Papauté, c'est-à-dire restreint à un conclave des hommes les plus compétents, peut seul être préconisé.

CXL

La langue seule divise logiquement les états et les provinces : une langue est un génie auquel il faut laisser de la liberté.

CXL

Le Saint Empire est la seule forme vitale de l'Europe, avec la monarchie élective pour chaque langue, le fédéralisme pour chaque province, par patois : l'autonomie communale, pour chaque ville, par rapport à l'éclat national.

II

L'ŒUVRE

DU FILS OU DE LA VOLONTÉ

On appelle liberté chez l'homme la conscience en action : qu'on veuille bien y réfléchir, la liberté n'existe pas en fait : une triple circonvallation enserre l'homme et lui oppose d'infranchissables barrières ; l'instinct, la passion, l'idée agissent sur lui incessamment. La volonté a trois termes : la volonté instinctive de l'homme brute, la volonté animique du héros, la volonté spirituelle du génie et du Saint. On veut du corps, on veut de l'âme, on veut de l'entendement, et jamais la volonté ne se peut abstraire d'un de ces termes manifestatifs. Quand Schopenhauer a entonné ses paradoxes du monde comme représentation et comme volonté, il a méconnu les trois clés volontaires : impulsives, affectives et conscientes.

Les hommes affirment qu'il n'y a point de certitude parce que leur esprit manque d'application et de constance : en veut-on une plus honteuse marque que la théorie récente de la subjectivité de l'univers ?

Depuis l'École d'Alexandrie, la pensée moderne s'efforce à des mérites d'invention, et aux formules originales dans le sens esthétique ; au lieu de bien penser, on pense personnellement et on se trompe ; car l'abstraction ne prendra du génie même que son expression, tandis que la mathématique a quelques points universellement acceptés : tous les termes de la philosophie subissent les plus folles variations et il n'y a pas un seul mot idéologique qu'on puisse employer sans le traduire en le définissant.

On appelle énergie actuellement la force à l'état le plus synthétique, la volonté est son analogue, son parallèle. Le vouloir occidental ne paraît pas le même dans la Guerre de Troie, la croisade, et les actuelles choses coloniales : le sentiment d'aventure entraînait les demi-sauvages d'Agamemnon ; une attraction vers l'inconnu, enveloppé de sentiments chrétiens, poussait les chevaliers de Godefroy ; quant aux contemporains, les officiers du corps expéditionnaire veulent de l'avancement et les instigateurs attendent des sommes énormes de leurs concitoyens auxquels ils livreront un pays et un peuple à exploiter. L'impulsivité, si vive dans les premiers cas, devient dans le dernier un simple raisonnement pratique.

Athènes présente le plus beau type historique de la volonté, ces victoires presque fabuleuses d'un Miltiade sur les Perses, cette armée de Xerxès exterminée à Platée et à Mycale, et enfin ce combat de Salamine où l'Asie fut vaincue par un petit peuple que fanatisait la liberté.

Mais la Grèce était divisée par ce même principe de liberté qui fit un moment sa force.

Athènes et Sparte s'entre-dévorèrent. Thèbes absorba Sparte et Philippe acheva de ruiner ce pays qui eût pu donner des lois au monde s'il avait saisi le rôle que la Providence lui offrait. Immédiatement après ce mémorable exemple de la volonté collective parut un homme extraordinaire, Alexandre. Son premier essor fut radieux, il mena la plus belle promenade militaire et mourut à trente-deux ans, sans avoir rien fait que du dilettantisme impérial : il n'eut rien de grand ni dans les desseins, ni dans le génie, il fut un poète individualiste en action.

La croissance anormale de Rome, l'étendue de

sa puissance ont troublé le jugement historique. C'étaient des âmes de brute et des esprits administratifs, mais le sens de l'administration dans la férocité est un levier formidable. Annibal ne représentait que la volonté de Carthage, et Scipion, celle de Rome, mais là il y avait du Destin.

Le Destin, ou la Norme sérielle, se modifie sous le poids de la volonté : la boule ne s'arrête pas sur le plan incliné, ni la volonté sur celui du Destin dont elle augmente la déclivité.

Le Destin des républiques est la brièveté ; Rome, après deux siècles, en voit déjà Marius et Sylla, parce que la volonté, y étant trop forte, brise les formes sociales à la façon d'un torrent.

Je ne puis mieux exposer l'idée mère de cette théorie de la volonté que Balzac projeta, qu'en l'éclairant de la divine lueur et en faisant intervenir la très sainte figure de Jésus-Christ.

Est-il le Christ, parce qu'il subit le supplice ? Non, mais parce qu'il le voulut. Est-ce un juste qui périt sous la condamnation de mauvais prêtres et sous l'intervention des soldats romains ? Non, c'est un juste qui a provoqué et voulu cette mort, parce que, seule, elle pouvait renouveler le monde.

Le caractère de Jésus est tout entier dans la liberté de son holocauste : je n'ai pas besoin de montrer que cet Arya, en restant en Galilée, n'eût point péri, et qu'il vint à Jérusalem parce qu'il savait trouver l'immolation qu'il voulait.

Il a fallu l'ignorance crasse des prétendus libre-penseurs pour oser produire en face du Nazaréen, ce causeur de génie, ce flâneur étonnant, qui a nom Socrate; il est vrai de dire que quelques-uns s'efforcent à proclamer le Bouddhisme [1], sans le connaître, l'égal du christianisme.

Jésus adhéra de toute sa volonté au plan divin, il vécut dans la conception de l'holocauste, parce que seul ce sacrifice devait rétablir les relations brisées de la Providence et du Destin.

Quand il parut, le monde avait des penseurs profonds, de vrais savants, des êtres de méditation et cependant l'impuissance éclatait de toute part, on voyait les ruines s'augmenter de ruines nouvelles, sans qu'aucun espoir de fondation parût. Les Goths allaient achever ce que la corruption de l'Empire laissait encore debout. Apollonius de Thyane, pythagoricien éclatant, fut un météore d'individualisme : il enseigna la sagesse sans créer un mouvement véritable vers le bien. Vainement Claude et Aurélien massacrèrent un demi million de Goths : ces barbares se renouvelaient toujours aussi terribles. Constantin n'obéit

[1] V. Le *Buddhisme* et ses antécédences le Vedisme et le Brahmanisme par G. DE LAFONT, œuvre remarquable. — Chamuel.

pas à un élan mystique : cet homme, grand au point de vue du Sceptre, comprit qu'il fallait une religion et des mœurs à un Empire, et il se fit chrétien et la civilisation fut sauvée.

Karlemagne montra, au début réalisateur, cet idéal politique de l'Empire, mais il le basa sur la force, il vainquit les corps et non pas les âmes.

Comme les Goths s'opposèrent aux chrétiens de l'Empire, les mahométans vinrent attaquer la civilisation catholique qui perdit tout espoir d'universalité, quand Mohammed II s'empara de Constantinople.

Si la Féodalité représente le destin partiel, la chevalerie incarne la volonté : son idéal fut noble, généreux, chrétien, et brisa les lisières étroites où le sacerdoce avait dû enfermer des peuples encore barbares ; mais l'intolérance prit texte d'Aristote et ne perdit aucun de ses excès en se laïcisant : la volonté intellectuelle, trois cents ans avant Luther, attaquait la présence réelle dans l'Eucharistie. N'est-ce pas extraordinaire qu'une subtilité sans intérêt de Photius, l'émanation du Saint-Esprit, venant du Père et non du Père et du Fils, désunisse les chrétiens, et que pour cela seulement il y ait une église latine et une église grecque ?

Luther ne représente aucun principe intellectuel

mais le Gothisme, la rancune séculaire de ces Saxons que Karlemagne baptisa dans leur propre sang répandu : les Othons sont des ennemis de race et la grande scène de Canossa qui se joue en Grégoire VII et Barberousse pour les profanes, aux yeux de l'initié figure le Verbe de Jésus et le Verbe d'Odin : c'est une solennelle victoire de la Pensée, car Hildebrandt ne disposait d'aucune force matérielle.

L'Allemand, la brute conquérante, arrêté à Bovines, se jettera sur l'Italie, et adoptera la Réforme comme prétexte à trucidations et à conquête : mais les peuples chrétiens ne seront ni plus sages ni plus habiles.

Le roi de France abandonne la grande Pucelle et l'Espagne se vautrera dans le sang de l'Amérique comme un sauvage sans entrailles : mais le supplice de Marie-Antoinette et de Madame de Lamballe ont payé l'ignominie de Charles VII et l'Espagne déshonorée se survit à peine.

La Rosland ou Russie reçut le christianisme vers le xe siècle, mais le knès ne s'indépendantisa qu'au xvie des Tatars de Kazan. Pierre le Grand continua l'œuvre volontaire de Basilowitz, avec une puissance extraordinaire, il apprit les métiers, les arts techniques qui manquaient à son peuple; et il est difficile de juger s'il fut abominable dans le massacre des Strélizts.

Un autre exemple de volonté aveugle s'incarna en Charles XII de Suède, mais le Destin de la Russie était plus impérieux et celui de la Prusse imminent. Ni la politique de Richelieu, ni celle de Louis XIV ne sont pensées fortement; il y a de l'action et de l'à-propos, non pas de la vraie compétence.

Si pleins de respect que les peuples doivent être envers les rois, il fut toujours absurde qu'ils suivissent les contre-coups des maisons souveraines. Madame de Maintenon aurait dû être jugée secrètement et disparaître.

L'individu vaut plus que la masse; mais la Vérité prime et l'individu et la masse, car elle est le commun salut.

Le Bouddhisme a créé l'involontaire; l'adhésion au plan divin engendrant la désertion du plan humain : éteindre la vie en nous est plus facile que de la diriger : on a plutôt fait de nier la passion que de l'anoblir : le célibataire a moins de mérite que l'époux, et le moine que le juste vivant au milieu du siècle. La réforme du Bouddha, efficace en soi, ne s'adapte qu'à la race jaune, quoique son système envisage la nature humaine et non pas une race.

Ce qu'on appelle de nos jours les libéraux

et les réactionnaires, correspondent assez au terme de Volonté et de Destin, mais chacun est doublement incomplet, d'abord parce que la Volonté sans le destin s'exagère et se désordonne et que le Destin sans volonté s'immobilise.

Mais leur réunion ne vaut pas mieux, s'ils ne s'équilibrent pas : la Volonté dominant le Destin aboutit au sabre, et le Destin, maître de la volonté se résout par la guillotine.

L'histoire ne nous a montré que trois républiques dont une emporocratique. Chacune n'a pu vivre plus de cinq siècles, Athènes, Carthage et Rome. Fabre d'Olivet a fait une remarque de toute importance, la nécessité de l'esclavage dans l'état républicain ; il n'avait pas prévu l'esclavage temporaire de tous les citoyens, qui existe actuellement en France, où chaque année le plus savant, le plus doué des hommes et politiquement l'élu du peuple, tombe sous le knout militaire. La France expie sa révolution par la servitude nationale, elle vit en vaincue sous les fers qu'elle a dû se forger pour n'en pas recevoir de l'étranger : je n'en discute pas la nécessité mais je ne saurais y voir le Progrès qu'on préconise.

« Il serait difficile de citer en Grèce un homme distingué qui n'ait pas été esclave ou qui n'ait couru risque de le devenir. Dans l'origine de la

République romaine, un père avait le droit de vendre jusqu'à trois fois ses enfants. Le débiteur insolvable y devenait l'esclave de son créancier. A Athènes, le moindre défaut de payement dans l'impôt entraînait la perte de la liberté. On sait que Xénocrate, le successeur de Platon, le chef de l'Académie, fut vendu sur la place publique et acheté par Démétrius de Phalère. Dans cette Grèce, si fière de sa liberté, on ne pouvait passer d'une ville à l'autre, voguer sur les mers qui baignaient ces côtes « sans risquer de devenir esclave [1] » Platon lui-même fut racheté par Nicetès ! L'ostracisme, cette loi des médiocres contre la supériorité, cette loi des suspects permanente, équivaut au pire bon plaisir du roi et à la lettre du cachet.

Qu'on regarde autour de soi, et qu'on dise si la volonté de chacun, en perpétuelle exigence, ne deviendrait pas, appuyée par la force, la pire des tyrannies.

L'homme, sans cesse sollicité par des mouvements irascibles, commet, à tout coup, des délits de volition, qu'il réaliserait avec la puissance.

Nul n'est assez sage, sauf le vrai génie, pour se passer de lois; mais je l'ai assez dit, le génie se

[1] De l'État social de l'homme ou vue philosophique sur l'histoire du genre humain, par Fabre d'Olivet. T. II. p. 364.

reconnaît à l'absence de passions contingentes : pour l'homme social, tout se concrétise, et ses mauvaises pensées deviennent de mauvaises actions, au jour où il peut joindre l'acte au rêve, et manifester sa bassesse.

ARCANES
DU
FILS OU DE LA VOLONTÉ

CXL

La volonté s'appelle la conscience en action. Il y a trois volontés chez l'homme et partant dans l'être social : la volonté instinctive, légitime quand elle exprime des besoins physiques, insensée, quand elle prétend modifier la Norme à son us.

La volonté animique, trois fois sainte quand elle aime ; et désastreuse quand elle désire seulement.

La volonté spirituelle, la sublimité des sublimités quand elle s'identifie à la Providence ; scélérate et abominable, quand elle méconnaît la Raison.

CXLI

La volonté instinctive est bornée par le Destin sériel.

La volonté animique est bornée par le Destin individuel.

La volonté spirituelle est bornée par le Destin cosmique.

CXLII

Celui qui veut contre l'expérience est un fou ; celui qui parle contre l'évidence est un criminel ; celui qui agit contre la science doit périr.

CXLII

La volonté nationale a toujours son essor brisé au bout de cinq siècles, dans sa forme excessive ou républicaine.

CXLIII

La divinité de Jésus Christ réside entière dans son sacrifice volontaire : il a voulu sa mort et sur elle il a basé la synthèse du passé et de l'avenir.

Socrate était un esprit faux qui enseignait la communauté des biens, des femmes et des enfants.

Le Boudha a éloigné l'homme de la vie ; c'était un bien. Jésus seul a rapproché Dieu de l'homme : c'était l'idéal.

L'Eucharistie est le chef-d'œuvre de la volonté divine et le dernier terme où la religion puisse atteindre : et ceux qui ne l'ont pas vu, sont des bêtes ou des protestants, ces scélérats de la volonté.

CXLIV

La Volonté s'accouplant avec le Destin produit le militarisme si elle le domine, ou la démagogie si le Destin est dominé.

Brumaire ou 93.

III

L'ŒUVRE DU SAINT-ESPRIT OU DE LA PROVIDENCE

Comme l'âme de l'artiste a passé dans le chef-d'œuvre, le verbe de Dieu plane au-dessus de sa création, et la prière n'est si commandée ni si efficace que parce qu'elle fait communiquer le besoin de l'homme avec la Providence. Il existe une démonstration lumineuse des relations permanentes entre l'homme et Dieu. Je ne sais si on l'a formulée ou si je la formule pour la première fois sous un aspect scientifique.

Il y a un double phénoménisme dans l'homme: l'extérieur, et l'intérieur ou noumène; et comme les lois sont toujours mieux visibles aux phénomènes coutumiers qu'aux extraordinaires, je demande au pire positiviste s'il ne lui arrive pas, à certaines heures, de sentir de la douleur sans cause nominale. La santé est parfaite, la nature clémente, la vie sans dangers, et cependant le cœur se contracte en une impression de détresse : le croyant va s'agenouiller dans une chapelle et, suivant l'expression la plus générale, élève son âme à Dieu. Sitôt une paix véritable descend en lui : quelque jour j'écrirai une *Mystique*, ici je ne peux expliquer le phénomène, je le constate ; il y avait douleur, il y a eu guérison : que l'un croie à l'intervention des anges et l'autre à l'auto-suggestion, cela n'importe point. Je ne recherche pas la raison du fait, j'insiste sur son existence et, étendant toutes les potentialités de l'homme à l'humanité, je conclus que la forme sentimentale, nommée religion, produira sur l'espèce ce qu'elle produit sur l'individu. Le mot idéal est employé même par les incroyants, il désigne l'idée la plus complète et la plus haute que nous puissions concevoir ; mais sans discuter ici sur l'objectivité et la réalité de l'idéal, il suffit d'en faire la caractéristique de l'homme même, médiocrement évolué ; les Goths du Walhal ont un idéal de bravoure aveugle comme le musulman : l'idéal religieux d'un peuple exprime son âme collective, et décide de ses mœurs.

Nul principe d'ordre ne peut être imposé sans

une formule idéale, et les démagogues ne manquent jamais de présenter un idéal en tête de leurs atrocités même : Marat n'eut point osé demander trois cent mille têtes sans légitimer sa demande par l'intérêt transcendant du pays.

Quelques bandits de grand chemin ou de politique peuvent bien cyniquement comploter, mais le bien de l'État et la justice sont les rubriques obligées de leur déprédation. Quand le roi tyrannisait, quand la république divaguait, quand le dominicain tortionnait, tous se réclamaient d'un idéal, tous prétextaient le souverain bien.

Il y a donc un intérêt immense à ce que l'idéal d'un peuple soit fixé, et le serait-il autrement que par la religion ?

L'unification des volontés, voilà le grand œuvre social ; en fait, chacun cherche son immédiate satisfaction, sous le couvert de l'humanité. Toujours une abstraction voile nos pures convoitises. Le sans-culotte, comme l'inquisiteur, et Bonaparte comme son cousin Robespierre, ont parlé de justice. Il a fallu un balourd germain pour dire : la force prime le droit : ce fut un scandale. L'opinion, cette force anonyme et flottante que chacun redoute, s'insurge toujours contre la toute-puissance du fait, parce qu'elle est le retour à la sauvagerie.

Un Rothschild paraît heureux et enviable, il possède le moyen de réaliser tous les rêves ; mais il n'a point de rêves. Il n'a pas le droit d'aimer, car, comment aimer sans donner ; il n'a pas le droit d'admirer, car il faudrait que son admiration se manifestât par des largesses ; il n'a pas d'amis, car il serait forcé de les enrichir ; il n'a point d'idées, car il les voudrait faire triompher ; il n'a point d'idéal, car il le rendrait visible en dispersant son or et il ne serait plus Rothschild, car il aurait une âme.

La force ne prime qu'une force moindre ; le droit demeure tel, et si la vie terrestre ne voit pas toujours le droit triompher dans la vie individuelle, la vie nationale subit les arrêts de la plus stricte justice.

La vie ou volonté n'a qu'une suggestion immédiate qui est le Destin, c'est la fatalité des anciens, la Ananké d'Eschyle, mais dès qu'il s'agit de durée la Providence apparaît : elle qui a tout commencé, conclut tout, elle est l'alpha et l'oméga. Tandis que le Destin flatte la monarchie et donne de l'appui au parti fatidique, tandis que la liberté enivre les volitifs, la Providence, à égale distance des passions contraires, n'a aucun parti pour elle, et seulement quelques hommes sublimes la sentent et lui conquièrent par instant une portion de l'humanité.

Légitimité et légalité sont les deux formes erronées du vrai droit : on dit légitime le pouvoir royal ; et légal, la puissance populaire : tout cela est faux, et le fait voile la notion véritable.

En essayant, au cours de ce livre, de dégager des principes une application contemporaine, j'ai pensé faire trois parts du pouvoir social, seul moyen de prévenir les révolutions, et j'ai nommé un roi électif. Des oligarchies spéciales et leurs démocraties correspondantes, faisant ainsi une fusion du Destin par le roi, et de la république à la fois par le conseil des riches et celui des pauvres ; mais j'ai attribué au roi un caractère si différent de ceux relatés par l'histoire que j'ai dû l'appeler le prêtre social : son vrai nom est le théocrate.

Si l'homme n'occupe son point évolution qu'en ayant physiquement santé et beauté ; animiquement, sensibilité et charité ; cérébralement, génie et raison ; l'homme collectif ou l'être social devra donc, pour s'accomplir, avoir un organisme monarchique, un animisme républicain et une intellectualité providentielle. La difficulté paraît extrême d'unir la monarchie assyrienne à la république d'Athènes et à la théocratie brahmanique.

Fabre d'Olivet conclut son admirable ouvrage par l'évocation d'un pontife suprême et d'un Empereur, ayant l'un tous les cultes, l'autre toutes les monarchies, comme suffragants ; et ce beau et admirable génie, le plus lucide qui ait écrit sur les lois de l'histoire finit son livre par cette ingénuité :

« Alors la race (Boréenne) blanche aurait atteint ses hautes destinées ; la terre entière offrirait le même spectacle qu'elle a déjà offert du temps de Ram (autre ingénuité, l'âge d'or des anciens).

« Les hommes, réunis sous le même ciel et sous les mêmes lois, ne connaîtraient qu'un même Dieu, qu'un même Pontife suprême et qu'un même souverain roi ; ils parleraient la même langue, se traiteraient en frères et jouiraient d'une félicité aussi grande que peut le comporter leur nature mortelle, pendant une longue suite de siècles, et jusqu'au terme fixé par l'éternelle Sagesse. »

Il me faut conclure, à mon tour, et ne pas m'égarer dans une illusion opposée et auss grande.

Les hommes que j'ai vus étaient incapables de

comprendre la Providence ou bien trop égoïstes pour la servir.

Constamment la noblesse d'âme manque aux penseurs et la pensée aux nobles cœurs. La Vérité n'actionne l'être humain que sous une forme passionnelle et je n'ai jamais aperçu la raison générant de belles choses.

Les hommes que j'ai étudiés mourront tels qu'ils m'ont apparu. Depuis un siècle on s'entraîne pour le désordre, il faudrait un nouveau siècle pour créer une génération possible.

Le seul effort fructueux serait de créer une élite basée sur les principes de la haute culture, littéralement de former des penseurs.

La science de la Renaissance avait une méthode; celle d'aujourd'hui, accablée de détails, hésite et attend la constatation indéfinie de nouveaux détails.

On m'envoie une coupure si extraordinaire que je la mentionne ici : un professeur de philosophie d'un lycée de Paris vient de soutenir en Sorbonne une thèse absolument communiste, reproduisant la folie socratique, et décrétant l'État patron universel, père universel ; ces inepties ne sont pas des nouveautés, mais il est nouveau qu'elles valent à leur proférateur, le bonnet doctoral. J'ai dit que la nation armée, c'était le socialisme armé, l'université, qui est le pendant de la caserne, et qui reçut simultanément aussi son impulsion de Bonaparte, devient la chaire d'anarchie. Armée insurrectionnelle, enseignement communiste, voilà des symptômes non équivoques de décomposition et les individualités ne restent pas en arrière des vociférations officielles. M. Soury accouche de cette formule digne de Gustave le mauvais sujet :

« Il ne s'agit ni de croire, ni de savoir, mais de vivre. » Ce qui équivaut à dire, il ne s'agit ni de pain, ni de viande, ni de nourriture d'aucune sorte, il s'agit de manger. Vraiment, l'homme peut-il vivre sans croyance et sans science ? tel qui n'entre pas à l'église, fréquente les tireuses de cartes et l'homme sans croyance a toujours été superstitieux.

En outre, s'il ne s'agit pas de savoir, il s'agit tout uniquement de barbarie. On a voulu substituer à la religion, la science : la science est encore de trop, il s'agit de vivre ; mais les lois de la vie, que l'expérience et la tradition seules possèdent, voilà qu'on les rejette ! La volonté de l'homme repousse également le Destin et la Providence, elle s'isole du passé et se ferme l'avenir. On ne s'alarme pas de tels attentats contre la raison, parce qu'ils n'influent pas sur la cote de la Bourse et sur la sécurité des rues : la contemporanéité vit sur la force acquise et elle jouit d'une prolongation de mouvement produit ; mais quelle courte sécurité !

Les plus extravagants des hérésiarques étaient des logiciens auprès des cerveaux actuels ; une débilité singulière paraît dans l'entendement général. Il ne faut pas dire qu'on a plus le goût de la certitude, on en a plus la force. Renan incarnait cet état d'impuissance logique, il n'avait pas la mâleté d'une affirmation. Cependant l'anarchie transitoire dans les faits peut-elle durer dans les doctrines, comme les mœurs réagissent sur les idées ? Celles-ci ont une portée réflexe sur les mœurs, il n'est pas possible que le désordre des nations ne se retrouve pas aux actes sociaux, sinon il faudrait conclure que la pensée humaine n'a point de part à l'équilibre et peut se détraquer sans contre-coup sur la vie des âmes : et comment admettre cela ?

Alors que la doctrine ne change pas la passionnalité, une énorme différence apparaît entre ces deux pécheurs, dont l'un sait qu'il pèche et en gémit, et l'autre refuse de juger son délit et s'en fait un mérite.

Quoique catholique et persuadé que le catholicisme est la forme parfaite de l'ordre animique, me souvenant d'avoir défini le meilleur parti celui du possible ; je voudrais que l'humanité par le Conclave de ses savants élaborât un simple catéchisme des évidences. Je n'exigerais d'autre garantie qu'une concordance retrospective, afin que les aspirations ne fissent pas tort aux traditions et que si un Victor Hugo disait au vingtième siècle « la guerre sera morte » ou un Tolstoi « la société n'a pas le droit de punir » on écartât ces rêveurs, comme on fait des enfants pour les graves conversations.

Sans préconiser telle religion, ne faut-il pas considérer la religion comme une des conditions de la vie sociale? La Famille ne devrait-elle pas être à l'abri des divagations, et des révolutions ?

Je sais cependant ce parti beaucoup trop sage pour qu'on le suive : quelques gens de lettres dévoyés, incapables d'une originalité d'art, se distingueront effrontément, par des démences.

L'heure appartient aux Jérémie, mais lui ne pleurait que sur sa ville : l'impuissance des gens de bien ira croissante, auraient-ils du génie ! Malgré soi, on sent son zèle pâlir, et découragé, on suppute seulement si on échappera soi-même à la tourmente [1].

Deux rois faibles, l'un paillard, l'autre niais, ont

[1] Le Dernier Bourbon, XII roman de l'éthopée *La Décadence Latine.*

suffi pour livrer la France à Robespierre et à Bonaparte : et dans leurs ornières, le beau pays s'enlise chaque jour.

Quelle inutile profération que de crier les éternelles vérités à l'homme d'aujourd'hui, à celui de demain :

— « Je te salue alors, génération de demain, ô canaille prochaine ! je te salue, homme sans Dieu, homme sans foi, redoutable animal qui dois ravaler la figure humaine plus bas que les dernières séries !

« Te voilà sans catéchisme, entrant dans la vie avec le Code pour Bible et le gendarme pour Jehovah : que vas-tu produire, avorton, fruit de tous les illogismes, et quel fumier sera ton histoire ?

« Tu as renié l'expérience des siècles, tu as repoussé le legs de la pensée humaine : tu dates de toi-même, vermine ! A ta mort, tu dateras du néant !

« Enfant de l'école sans Dieu, tu as les mains pleines de pierres pour les statues et les vitraux ! Morveux dont on torche le nez, tu te moques déjà des bondieuseries ; et quand passe un de ces hommes noirs devant qui les plus grands s'inclinent, tu cries : « au corbeau ! » précoce charogne !

« Enfant de l'école sans Dieu, tu as les lèvres

pleines d'injures à ton père ; tu le nommes le vieux, et ta mère la vieille, et le foyer l'ennui, déjà ! Le lupanar et le café-concert, voilà les temples de ta jeunesse et tes lieux d'élection : jure, sacre, bois et te vautres, pourceau humain !

« Un moment, la main de fer de l'armée t'a courbé, mais tu reviens brutal et sanguinaire de la caserne ; et si les vieux tardent à mourir, homme sans Dieu, un peu de parricide : c'est le droit des jeunes !

« Fonder une famille, tu n'y songeras pas ! Ta femelle gîte au lupanar et si ton idéal ne coule pas des bouteilles, si l'alcool ne remplace pas Dieu en ton cœur, tu trouveras bien quelque infamie légale qui te donnera toute la paille nécessaire à ton fumier !

« Homme laïque, sans foyer, sans ancêtres, sans fils, va à travers le monde révolutionnaire qui t'engendra, va et prospère en croissante horreur ! Mais si un jour, un honnête homme resté, par dégoût vide sa carabine dans ta poitrine, que celui-là ne soit pas appelé homicide, car ce n'est pas un homme qu'il aura tué, mais cette brute encore inqualifiée : *le laïque !* »

ARCANES
DU
SAINT-ESPRIT OU DE LA PROVIDENCE

CXLV

Le réel est une manifestation de l'idéal et le point le plus bas de sa parabole : il faut le suivre, le remonter cependant pour arriver à la cause seconde.

CXLVI

Tout collectif, même menteur, se réclame d'un idéal; l'idéal d'un peuple ne peut être que sa religion.

CXLVII

Collectivement, l'idéal s'appelle l'unification des volontés.

CXLVIII

La force ne prime qu'une force moindre.

Mais le Droit étant un principe providentiel ne peut pas plus se produire à tout coup que le soleil ne peut reculer devant le festin de Thyeste.

CXLIX

Les lois providentielles opèrent leur révolution à la façon des astres, en des espaces de temps plus ou moins éloignés les uns des autres : les méditatifs, ces astronomes de l'abstrait, seuls les voient et seuls peuvent enseigner.

CL

La formule universelle s'écrit : Papauté et empire.
La formule nationale : monarchie et fédéralisme.
Ainsi les trois forces de l'humanité ont leur cours : la Providence est fervente en la personne du souverain Pontife ; le Destin sous les traits de l'Empereur et des rois ; la volonté dans le fédéralisme provincial et communal.

CLI

L'Erreur, mère de toutes les erreurs, c'est que les lois métaphysiques sont moins impérieuses que les physiques.

L'homme ne connaît ni sa nature, ni même son propre tempérament, il est inconscient et ne peut le bien ni pour lui ni pour autrui.

CLII

L'office des êtres conscients c'est de redire, d'époque en époque, les éternelles vérités, dans l'espoir incertain qu'ainsi semées, elles germeront dans quelque être doué pour leur réalisation partielle.

CLIII

L'homme de pensée ne peut qu'enseigner et attendre l'homme du Sceptre.

LE CINQUIÈME TRAITÉ

DE

L'AMPHITHÉATRE

DES

SCIENCES MORTES

SERA UNE MYSTIQUE

COMMENT ON DEVIENT & ON RESTE

CATHOLIQVE

ÉDITION ARTISTIQUE

Absolument privée, à deux cents exemplaires tous dédicacés et signés par l'auteur, contenant une page du manuscrit original, dont aucun ne sera mis dans le commerce ni envoyé à la presse. Petit in-4° d'amateur sur papier de Japon avec eau forte, au prix de **dix** francs.

LE FILS DES ÉTOILES

Pastorale Kaldéenne en 3 Actes

DU SAR PELADAN

Prière d'écrire son adhésion au secrétariat, du bulletin de la ROSE † CROIX, 2, *rue de Commaille, à* PARIS.

LA ROSE † CROIX

Bulletin mensuel

De l'Ordre de la Rose † Croix du Temple et du Graal

TROISIÈME ANNÉE — SÉRIE EXOTÉRIQUE

Paraît chaque mois en grand in-8° de 32 pages

ABONNEMENT

UN AN : Paris et Départ.	7 fr.	Voie anglaise.	10 fr.
	Union postale. 9 fr.	Un numéro	0 fr. 50

Les abonnements partent d'avril et se paient d'avance

S'adresser pour Toute Chose, par Lettre
2, rue de Commaille, 2

Pour la vente au numéro : *Librairie de l'Art Indépendant*

SAINT-AMAND (CHER). — IMPRIMERIE DESTENAY, BUSSIÈRE FRÈRES

TABLE DES CHAPITRES

L'ŒUVRE PÉLADANE : Ouvrages publiés IV
— — — — — — : Ouvrages publiés (suite) . . . V
— — — — — — : Ouvrages prochains VI
ÉLENCTIQUE VIII
DÉDICACE : A Alejandro Dorado. R. XI
AUX TROIS EMPEREURS ET AUX ROIS D'OCCIDENT . XV
PRÉFACE XXI

LIVRE PREMIER

Le Septénaire du Macrocosme

I. L'INDIVIDU. 5
Arcanes de Samas ou de la naissance. 28
II. LE MARIAGE 37
Arcanes de Sin ou de la croissance. 48
III. L'ENFANT 53
Arcanes d'Istar ou de la nutrition 65
IV. LA FAMILLE 69
Arcanes de Nercal ou de la sécurité 81
V. LA CITÉ. 85
Arcanes de Nebo ou de récupération. 95
VI. LA NATION. 99
Arcanes de Mérodack ou du commandement . . . 109
VII. L'HUMANISME 115
Arcanes de Adra ou de la permanence. 129

LIVRE DEUXIEME

Le Duodénaire de l'ascèse politique

I. La Quiddité ou *De la vraie voie*.	135
Arcane Octénaire	146
II. L'Origine ou *De la Méthode*	149
Arcane Novénaire	162
II. Le Rapport ou *De la Destinée*.	165
Arcane Dénaire.	177
IV. La Matérialité ou *De L'Effort*.	179
Arcane Unodénaire.	191
V. La Formalité ou *Du Sacrifice*.	195
Arcane Duodénaire	205
VI. La Mort ou *Des Renaissances*.	207
Arcane Ternodénaire.	217
VII. La Quantité ou *Des Variations*.	219
Arcane Quartodénaire.	229
VIII. La Qualité ou *De la Perversité*.	233
Arcane Quintodénaire.	244
IX. Le Temps ou *De L'Impuissance*.	247
Arcane Sextodénaire.	262
X. Le Lieu ou *De la Gloire*.	265
Arcane Septodénaire	277
XI. La Manière ou *Des Ennemis*.	280
Arcane Octodénaire.	291
XII. L'Accompagnement ou *De la Providence*.	293
Arcane Nonodénaire.	

LIVRE TROISIÈME

Le Ternaire du Saint-Esprit

I. L'Œuvre du Père, ou *Du Destin*.	309
II. L'Œuvre du Fils, ou *De la Volonté*	325
III. L'Œuvre du Saint-Esprit, ou *De la Providence*	339

SCHEMA DE CONCORDANCE DE L'ÉTHOPÉE

LA DÉCADENCE LATINE

PREMIER SEPTÉNAIRE

I. — **Le vice suprême, 1884** : diathèse morale et mentale de la décadence latine : *Mérodack*, sommet de volonté consciente, type d'entité absolue ; *Atla*, prototype du moine en contact avec le monde ; *Courtenay*, homme-destin insuffisant, envoûté par le fait accompli social ; *L. d'Este*, l'extrême fierté, le grand style dans le mal ; *Coryse*, la vraie jeune fille ; *La Nine*, androgyne mauvais ou mieux gynandre ; *Dominicaux*, pervers conscients, caractère d'irrémédiabilité résultant d'une théorie esthétique spécieuse pour chaque vice, qui tue la notion et partant la conversion. Chaque roman a un Mérodack, c'est-à-dire un principe orphique abstrait en face d'une énigme idéale.

II. — **Curieuse, 1885** : phénoménisme clinique collectif parisien. Éthique : *Nébo*, volonté sentimentale systématique. Érotique : *Paule*, passionnée à prisme androgyne. La Grande horreur, la Bête à deux dos, dans la *Gynandre* (IX) se métamorphosent en dépravations unisexuelles. *Curieuse*, c'est le tous les jours et le tout le monde de l'instinct ; la *Gynandre*, le minuit goétique et l'exceptionnel.

III. — **L'Initiation sentimentale, 1886** : les manifestations usuelles de l'amour imparfait, expressément par tableaux du non-amour, car de l'âme moderne générale, faute d'énormon sentimental chez l'individu.

IV. — **A cœur perdu, 1887** : réalisation lyrique du dualisme par l'amour : réverbération de deux moi jusqu'à saturation éclatante en jalousie et rupture ; restauration de voluptés anciennes et perdues.

V. — **Istar, 1888** : la race et l'amour impuissants dans la vie moyenne. Massacre nécessaire de l'exception par le nombre, ligue antiamoureuse des femmes honnêtes transposant la pollution en portée de haine.

VI. — **La Victoire du mari, 1889** : la mort de la notion du devoir : le droit de la femme. Antinomie croissante de l'œuvre et de l'amour ; corrélation de l'onde sonore et de l'onde érotique ; invasion des nerfs dans l'idéal.

VII. — **Cœur en peine, 1890** : départ d'un nouveau cycle ; *Tammuz* n'y est qu'une voix qui prélude aux incantations orphiques de *la Gynandre* ; *Bélit*, passive, radiante, y perçoit sa vocation d'amante de charité qui s'épanouira dans la Vertu suprême. Elle y évoque une des grandes gynandres, *Rose de Faventine* (XI). — Roman à forme symphonique, préparant à des diathèses animiques invraisemblables, pour les superficiels lecteurs de M. de Voltaire.

LA DÉCADENCE LATINE

SECON SEPTÉNAIRE

L'Androgyne, 1891 : monographie de la Puberté, départ pour la lumière d'un œlohite *Samas*, épèlement de l'amour et de la volupté. Restitution d'impressions éphébiques grecques à travers la mysticité catholique. Clef de l'éducation et anathème de l'Université de France. La quinzième année du héros moderne, c'est-à-dire du jeune homme sans destin que son idéal ; monographie de toute la féminité d'aspect et de nerfs compatible avec le positif mâle.

Stelle de *Sénanques*, étude de positivité féminine : puberté de *Gynandre* normale.

IX. — **La Gynandre, 1891** : phénoménisme individuel parisien. Éthique : *Tammuz*, protagoniste ionien orphique, réformateur de l'amour ; victoire sur le lunaire. Érotique : usurpation sentimentale de la femme. Grandes Gynandres Rose : de Faventine, Lilith de Vouivre, Luce de Goulaine, Aschera, Aschtoret, personnages réapparaissant de l'*initiation sentimentale*. L'habitarelle, la marquise de Nolay, Lavalduc, y reparaissent aussi, la Nine et partie des dominicaux. En ce livre se retrouve le grouillis de soixante personnages qui fait préférer le I de l'Éthopée aux suivants ; en ce livre aussi, toutes les déformations de l'attract nerveux, les Antiphysismes et la psychopatie sexuelle, d'où il découlera que les auteurs récents ont tous touché à cette matière en malpropres et en niais.

X. — **Le Panthée, 1892** : l'impossibilité d'être pour l'amour parfait, sans la propicité de l'or. Amour parfait entre les deux œlohites, égrènement des circonstances plus fortes que la beauté et le génie unis par le cœur. Démonstration que l'amour dans lo mariage ne peut être tenté que par les riches ou les simples.

XI. — **Typhonia, 1893** : héros : Sin et Nannah, stérilisation de l'unité lyrique par le collectif provincial. Démonstration de la nécessité de la grande ville pour désorienter la férocité de la bourgeoisie française ; sermon du P. Alta sur le péché de haine ou péché provincial.

La province n'existe pas pour la civilisation : le vice lui-même ne la polit pas. Aucun génie ne résiste au face à face avec la province. Envoûtement par le collectif.

XII. — **Le dernier Bourbon, 1894** : la race et l'honnêteté décadentes plus funestes que la vulgarité et le vice. Problème de la politique. La raison monarchique et la déraison dynastique en ce cas Chambord. Personnages du *Vice suprême* : le prince de Courtenay, le prince Balthazar des Beaux, Rudenty (Curieuse), Marestan, duc de Nîmes, Marcoux. Peinture du dernier boulevard de légitimité pendant l'exécution des décrets de l'infâme Ferry ; étude des progressions animiques collectives et de l'âme des foules. Horreur de la justice française, billevisées de la légalité. Démonstration que les catholiques français sont des lâches, et que l'histoire de ce pays est finie. Dans la chronologie de l'Ethopée, le XII est antérieur au *Vice suprême*. On y voit les débuts de Marcoux, l'élection de Courtenay.

XIII. — **La Lamentation d'Ilou, 1895** : défaite des grandes volontés de lumière : Ilou, Mérodack, Alta, Nébo, Nergal, Tammuz, Rabbi Sichem, du *Finis Latinorum*. Oratorio à plusieurs entendements. Jérémiades où Alta donne la preuve théologique : Nergal, psychique ; Tammuz, érotique ; Sichem, comparée ; Mérodack, magique ; Ilou, extatique, que la Latinité est finie.

XIV. — **La vertu suprême, 1895** : le « quand même » des volontés de lumière, après l'évidence de l'irrémissible damnation du collectif.

Mérodack y réalise tout à fait la Rose ✝ Croix commencée au château de Vouivre (VII). Bélit tient le premier plan féminin avec la plupart des gynandres (IX) ; Tammuz, Alta, Sichem, Nébo, Paule Riazan, Samas y rayonnent. Les originaux du salut, excentriques de la vertu, poètes de bonté et artistes de lumière : *Aristie future !*

AMPHITÉATRE DES SCIENCES MORTES

Restitution de la magie kaldéenne adaptée a la contemporainéité, doctrine de l'ordre de la rose † croix, du temple et du graal

I. ÉTHIQUE

Comment on devient Mage ? Méthode d'orgueil, entraînement dans les trois modes pour l'accomplissement de la personnalité : ascèse du génie et de la sagesse. In-8°, Chamuel (2° édit.).

II. ÉROTIQUE

Comment on devient fée ? Méthode d'entraînement dans les deux modes pour l'accomplissement de la Béatrice et de l'Hypathia : ascèse de sexualité transcendante, restitution de l'initiation féminine perdue. In-8°, Chamuel, 1892 : 7 fr. 50.

III. ESTHÉTIQUE

Comment on devient Ariste ? Méthode de sensibilité et d'idéalisation, d'après les ascèses de l'initiation antique : entraînement par le chef-d'œuvre et culture de la subtilité. Chamuel, 7 fr. 50.

POLITIQUE

Le Livre du Sceptre. Traité de sociologie et magie politique. Démonstration de la Théocratie et diagnostic de la décadence latine, d'après une nouvelle philosophie de l'histoire et l'application analogique des lois physiques à la vie éthnique, in-8° de 360 p. 1894, Chamuel, 7 fr.

Les XI chapitres mystérieux, du Sepher Bereschil (Genèse) version rosicrucienne du Sar Peladan 1, vol. sur papier solaire, à la librairie de l'Art Indépendant, rue de la Chaussée-d'Antin, 3 fr.

Premier volume des
TEXTES ROSICRUCIENS

ÉDITION ARISTIQUE

À deux cents exemplaires tous numérotés et signés par l'auteur non mis dans le commerce, in-4° couronne, sur Japon, au prix de **10** fr.

POUR PARAITRE LE 15 JUIN

FILS DES ÉTOILES

Pastorale Kaldéenne

DU

SAR PELADAN

EN TROIS ACTES

On souscrit par mandat ou bon de poste, adresser au Secrétaire de la Rose + Croix.

2, rue de Commaille, 2, PARIS

L'ŒUVRE PÉLADANE
En 1894

AMPHITHÉATRE DES SCIENCES MORTES
COMMENT ON DEVIENT ARISTE
Troisième traité magique. 7 fr. 50

LA DÉCADENCE LATINE
Éthopée
LE DERNIER BOURBON
Douzième Roman

THÉATRE DE LA ROSE ✟ CROIX
1 vol. 5 fr. **BABYLONE** 1 vol. 5 fr.
LA PROMÉTHÉIDE
Avec portrait de l'Auteur en taille-douce. 5 francs

LE THÉATRE DE WAGNER
LES XI OPÉRAS, scène par scène 3 fr. 50

L'ART IDÉALISTE & MYSTIQUE
DOCTRINE DE L'ORDRE
ET DU SALON ANNUEL DES ROSES ✟ CROIX
3e édition Chamuel. . . . . 3 fr. 50

L'ŒVVRE PÉLADANE EN 1895

Amphithéâtre des Sciences Mortes

IV. POLITIQUE

LE LIVRE DU SCEPTRE

LA DÉCADENCE LATINE
Éthopée

LA LAMENTATION D'ILOU

Treizième Roman

THÉATRE DE LA ROSE † CROIX
SÉMIRAMIS. LE MYSTÈRE DU GRAAL. ORPHÉE

CATÉCHISME DE LA ROSE † CROIX

LA ROSE † CROIX

Bulletin mensuel

De l'Ordre de la Rose † Croix du Temple et du Graal

TROISIÈME ANNÉE — SÉRIE ÉXOTÉRIQUE

Paraît chaque mois en grand in-8 de 32 pages

ABONNEMENT

UN AN : Paris et Départ. .	7 fr.	Voie anglaise	10 fr.
Union postale. . .	9 fr.	Un numéro	0 fr. 50

Les abonnements partent d'avril et se paient d'avance

S'adresser pour Toute Chose, PAR LETTRE au secrétariat du Salon de la ROSE † CROIX, **2, rue de Commaille, 2**

Pour la vente au numéro : Librairie de l'Art Indépendant 11, Chaussée-d'Antin.

SAINT-AMAND (CHER). — IMP. DESTENAY BUSSIÈRE FRÈRES

www.ingramcontent.com/pod-product-compliance
Lightning Source LLC
Chambersburg PA
CBHW060559170426
43201CB00009B/828